Couverture Inférieure manquante

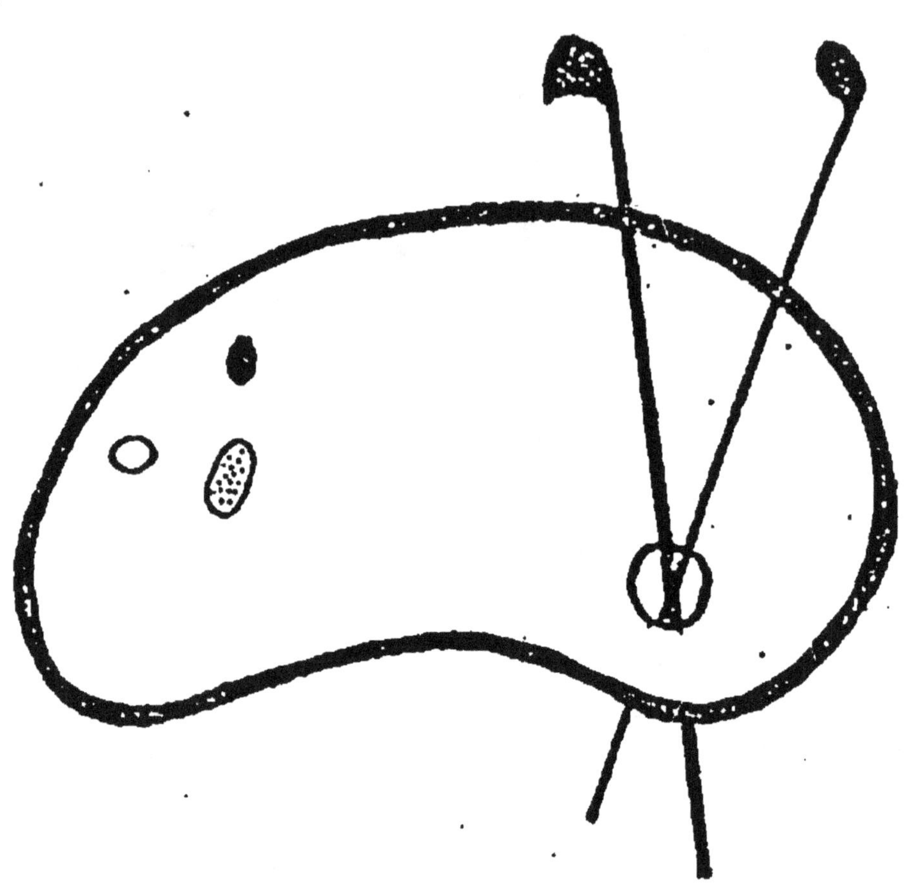

DEBUT D'UNE SERIE DE DOCUMENTS
EN COULEUR

TRAVAUX

de la

Conférence Internationale

du

Christianisme Social

Tenue à Besançon
le 16 Jui. 1910

VALS-LES-BAINS

IMPRIMERIE P. ABERLEN ET Cⁱᵉ

1910

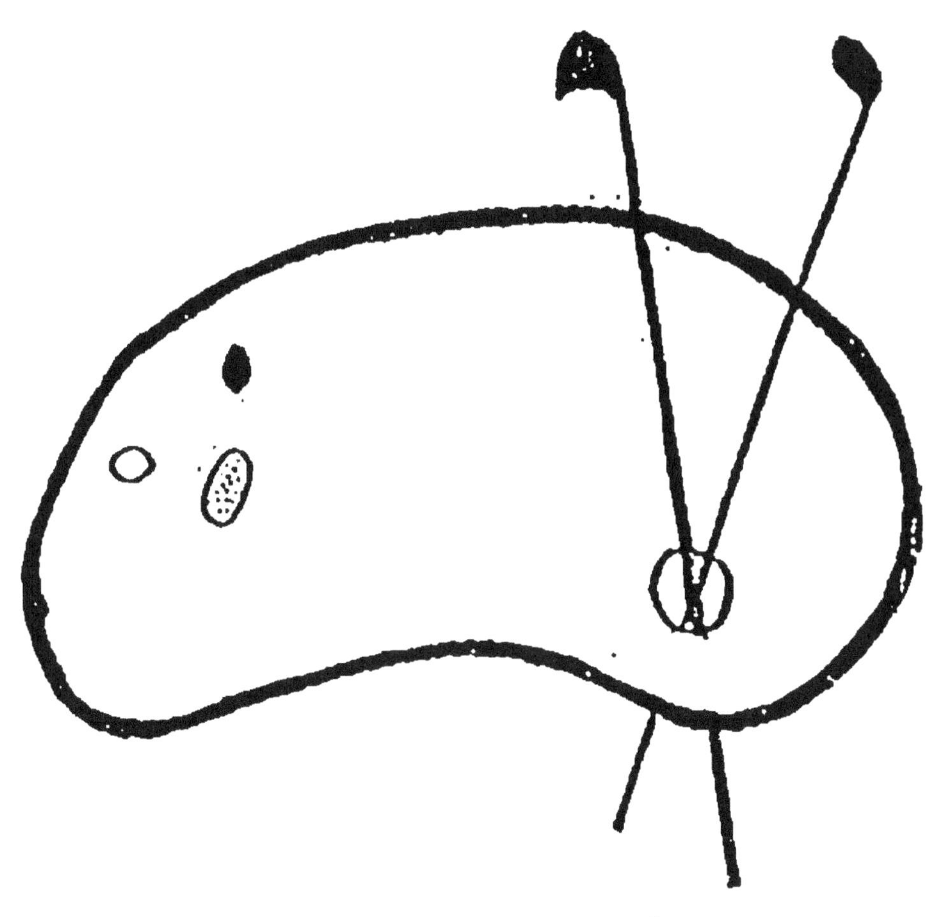

FIN D'UNE SERIE DE DOCUMENTS
EN COULEUR

TRAVAUX
de la Conférence Internationale
du Christianisme Social

TRAVAUX

de la

Conférence Internationale

du

Christianisme Social

*Tenue à Besançon
le 16 Juin 1910*

VALS-LES-BAINS

IMPRIMERIE P. ABERLEN ET Cᵒ

—

1910

INTRODUCTION

La Journée internationale
du Christianisme social

Besançon, 16 Juin 1910

La grande, « la fameuse Journée, » comme l'a appelée son président, M. Charles Gide, a eu lieu à la suite du Congrès *de l'Association protestante pour l'étude pratique des questions sociales,* et s'est terminée à la satisfaction générale. Nous en donnons, ici, le compte-rendu complet. Notons seulement quelques impressions dominantes.

La première est toute religieuse. Cette journée est une réponse évidente à nos vœux les plus ardents, à nos prières inquiètes. La nuit était longue et lourde à nos cœurs de chrétiens sociaux. Le crépuscule du matin s'annonce, avec ses lueurs indécises, mais certaines. Ce n'est pas encore l'aurore, mais c'en est l'approche. C'est *avant tout* comme chrétiens que nous étions là, que nous cherchions et formulions notre orientation morale, sociale et économique commune, que nous nous groupions. *Déclaration religieuse* et *Déclaration de principes,* prières, discours, (ceux de Kutter et de Ragaz surtout) tout venait du Christ ou y allait, tout était inspiré par la foi la plus authentique, par *la foi au Dieu vivant,* comme dit Kutter sans se lasser. La devise de la Conférence semblait être : des profondeurs spirituelles à l'action sociale! Par l'intensité de la foi à l'expansion de la vie!

Seconde impression dominante : Nous avons éprouvé la joie exquise, profonde, d'une nouvelle solidarité visible, celle qui unit les chrétiens sociaux et les socialistes chrétiens du monde entier, en vue d'une action organisée. Il y avait à Besançon des frères de la Suisse, de l'Angleterre, de la Belgique, de l'Alsace, de l'Italie, et nos frères d'Allemagne, empêchés pour cette fois ou convoqués un peu tardivement, nous avaient envoyé d'affectueux messages. Suisses et Français étaient en nombre presque égal : ce qui s'explique non seulement par le fait que Besançon est une ville frontière, mais aussi par le fait que les deux organisateurs de la Conférence étaient l'un suisse et l'autre français, et qu'ils avaient longuement conspiré ensemble! Disons tout de suite que notre ami M. Aug. de Morsier s'est, plus que quiconque, dépensé sans compter, pour assurer le succès de l'œuvre de Besançon.

L'étroite parenté spirituelle et démocratique qui unissait tous les chrétiens sociaux présents nous a permis de fonder une *Fédération internationale du Christianisme social* dont la constitution se précisera de Congrès en Congrès, à partir de 1912, mais qui a, dès maintenant, une *Déclaration de principes, des adhésions assez nombreuses, un comité exécutif* (1) et *un vaste programme d'action* sous la seule forme actuellement possible, celle des suggestions d'œuvres utiles et urgentes (Coopératives, Ligues sociales d'acheteurs, Offices sociaux, Art social, Presse chrétienne-sociale, Fondation de ligues morales et de sections de la Fédération abolitionniste, Syndicats d'ouvriers et d'ouvrières, Solidarités rurales et urbaines, Fraternités, etc., etc.).

Grande a été notre joie de voir et d'entendre Ragaz, Kutter, William Ward, Mme Picczynska, Meille, M. de Meuron, Kopp, et tant d'autres! Mais les paroles étaient tout à fait accessoires et n'exprimaient pas l'émouvante communion de toutes nos âmes socialement orientées! Nous avons tous senti qu'*un nouveau type de chrétien* commençait à faire son apparition, ainsi qu'*un nouveau type d'association chrétienne...*

C'est une grande bénédiction, qui ne va pas sans quelque légitime fierté, que ce soit notre terre de France qui ait accueilli la première Conférence internationale du Christianisme social.

∵

Troisième impression : Les Français présents ont tous fait joyeusement et complètement abstraction de leurs divisions ecclésiastiques ou dogmatiques pour s'associer et pour agir : et ils y ont réussi! Miracle à signaler à ceux qui ne croient plus aux miracles. En tous cas, c'est un signe des temps. Dans une assemblée exclusivement composée de Français, le soir même de la Journée internationale, nous avons fondé, en moins d'une heure, avec une

---

(1) M. Aug. de Morsier, président, M. E. Gounelle, secrétaire, Mlle Reinhardt, secrétaire-adjointe, forment le bureau de ce Comité qui sera ultérieurement complété.

discipline et une unanimité remarquables, *l'Union française des Chrétiens sociaux en vue de l'action* (c'est le titre provisoire). Nous avons décidé de prendre comme bases de cette Union, *la Déclaration de principes de Besançon* et par là même nous avons adhéré à la Fédération internationale. Nous avons pris date pour le prochain Congrès national constituant qui aura lieu (si l'on veut bien nous y recevoir?) à Roubaix et à Lille. Nous avons nommé, pour préparer le Congrès et la constitution de l'Union, un Comité parisien (1). Nous ne pouvions guère faire plus, en une heure tardive! Mais la bonne volonté d'aboutir était admirable : le leader des socialites chrétiens, notre ami Paul Passy, rivalisait avec le vénéré président de l'Association protestante pour l'étude des questions sociales, M. de Boyve, pour organiser la nouvelle Union. De tous côtés les adhésions arrivaient, enthousiastes. La présence des frères étrangers nous stimulait particulièrement, certes! mais ce qui nous pressait et nous disciplinait tous, c'était, en cette heure créatrice sur laquelle nous appelons la bénédiction du Père, la pensée de servir la patrie, particulièrement le prolétariat de la patrie, avec des forces consacrées et associées!

Même les esprits positifs qui demandent des résultats tangibles, trouveront que c'est pourtant quelque chose d'avoir réussi à faire en une seule journée :

1° Une Déclaration de principes du Christianisme social, autour de laquelle on pourra désormais se grouper, et qui s'enrichira certainement d'année en année.

2° Une Union française du Christianisme social.

3° Une Union suisse du Christianisme social (2).

4° Une Fédération internationale du Christianisme social.

Nous sommes encore à l'heure des petits commencements, mais les moissons futures tiennent dans une poignée de grains de blé. Nous ne voulons, du reste, avoir ni l'esprit de satisfaction, ni l'esprit de critique. Que personne ne brise les ailes à l'enthousiasme des modestes semeurs de Besançon! Prenons patience, espérons et

---

(1) Ce Comité provisoire est composé de MM. Allier, Paul Passy, Henri Monnier, avec M\u1d48\u1d49 Reinhardt comme secrétaire et M. E. Gounelle, comme secrétaire général.

(2) A la même heure, 6 heures du soir, le 16, les deux Unions, suisse et française, se sont constituées séparément, avant de se fédérer et pour pouvoir se fédérer. Ces deux Unions nationales auront une existence autonome, mais ont adhéré, le soir même, à la Fédération internationale.

travaillons! Un grand fait est acquis : le mouvement s'organise. La Fédération chrétienne sociale est fondée. Nous ne sommes plus isolés! De grandes choses se préparent. Le Christianisme social allemand et le Christianisme social américain, l'un plus spéculatif, l'autre plus pratique, sauront bien trouver le moyen de se fédérer avec nous. La foi chrétienne sociale est plus forte que toutes les hostilités du dehors et que toutes nos faiblesses réunies : avec Dieu, elle vaincra.

Le Christianisme social international est le seul catholicisme possible de l'avenir. Il reconstituera l'Église universelle dans la liberté et par la solidarité organisée.

Dans son toast éloquent aux frères étrangers, notre président, M. Gide, a dit que ce qui l'avait le plus frappé dans le beau discours de M. Ragaz, c'était cette réflexion qu'il n'est pas absolument nécessaire de comprendre pour agir!

— *Que c'est consolant!* s'est écrié l'éminent économiste en inclinant sa tête avec componction... Et Ragaz ayant ajouté que nous ne devrions pas craindre de *patauger* un peu, attendu que c'était la seule façon d'apprendre à marcher, M. Gide s'est écrié derechef, avec ce flegme spécial qui donne tant de charme à ses traits d'esprit :

Comme c'est réconfortant!

Ces mots si spirituels et si chrétiens donnent une idée de la bonne humeur, du bons sens critique, de l'humilité chrétienne et aussi de l'invincible optimisme qui ont caractérisé la journée désormais historique de Besançon.

ÉLIE GOUNELLE.

Après Besançon

♠ ♠ ♠

L'Association protestante pour l'étude pratique des questions sociales a posé, année après année, dans la forêt aux dédales inextricables de la complexe question économique, des jalons sûrs et des points de repère auxquels nous pouvons nous fier.

Avec ses vaillants pionniers, nous voulons maintenant essayer de construire des routes. Mais comment et où nous diriger? Il nous fallait, après ces longues études, poser quelques principes et définir quelques-unes des directions principales que nous voulions suivre.

C'est ce que vient de faire la *Conférence internationale des chrétiens sociaux* le 16 juin, à Besançon. On en connait les résultats.

Nous serons jugés sans doute sévèrement de divers côtés par les représentants de doctrines opposées.

Les conservateurs nous diront : vous entrainez les chrétiens et les églises dans des responsabilités immédiates bien lourdes, et vers des luttes qu'ils doivent ignorer. Nous répondrons : il y a longtemps qu'une attitude plus décidée aurait dû être prise par la chrétienté protestante devant certains problèmes sociaux modernes que nous n'ignorons peut-être pas comme hommes, mais que nous négligeons d'aborder comme chrétiens. Or, nous voulons, comme tels, engager notre responsabilité personnelle et collective dans les conflits sociaux. Si l'Évangile ne contient qu'une consolation personnelle et un encouragement à la charité, il restera stérile et sera peut-être haï de la foule. Si, à sa lumière, nous pouvons nous orienter et prendre positions dans le douloureux conflit social; si réellement il contient un principe d'action, notre devoir immédiat est de nous mettre au travail, en recherchant les solutions compatibles avec la dignité et la liberté humaines, et cela au nom même de nos principes chrétiens.

Les socialistes doctrinaires — ceux qui opposent de nouveaux dogmes aux dogmes qu'ils veulent détruire — nous diront sans doute : vous êtes des médecins à l'eau de rose, des impuissants et des paralytiques (1). Vous n'avez pas même proclamé le dogme de la guerre entre les classes, ni celui de la suppression du patronat! Nous leur répondrons : nous n'avons pas de panacée universelle contre les maux de la société contemporaine; nous voulons à tout prix réserver notre libre examen et étudier chaque question pour elle-même. Nous ne voulons pas d'*a priori*. Il nous répugne de leurrer ceux qui souffrent par des formules absolues et de les exciter à des révoltes stériles.

Nous n'avons aucun parti-pris contre vos solutions. Seulement nous demandons le droit de les examiner et de les soumettre à la critique. Nous vous tendons la main chaque fois que nous le pouvons, beaucoup des nôtres luttent d'ailleurs avec vous et dans vos groupements : mais nous ne pouvons d'avance prendre l'engagement de proposer, les yeux fermés, tous vos remèdes, pour toutes les maladies; nous voulons surtout et avant tout pouvoir proclamer nos convictions religieuses en même temps que nos convictions sociales, parce qu'elles nous apparaissent comme *organiquement liées les unes aux autres*. Il nous paraît évident que, pas plus que la religion, la sociologie ne saurait s'accommoder d'un doctrinarisme absolu ou d'une dogmatique intangible. Notre but ultime est économiquement le même : une justice sociale. Mais nos méthodes pourront différer et différeront pour cette seule raison que nous avons des croyances que vous n'avez pas. C'est intentionnellement et sans réticences que nous répudions tout esprit de haine entre les classes, précisément pour arriver à leur suppression; c'est volontairement et sans

---

(1) Un rédacteur du journal socialiste genevois « *le Peuple suisse* », vient d'écrire sur notre Congrès un article intitulé : « Un Congrès de paralytiques ». Patience, chers camarades! Le Christ redit à la chrétienté, momentanément endormie, comme jadis au paralytique : « Lève-toi, emporte ton lit. et marche! »

aucun artifice de dialectique que nous nous élevons contre
certaines excitations à cette haine, pour mieux moraliser,
discipliner et résoudre les inévitables conflits d'intérêts
entre les classes actuelles.

Nous ne voulons pas être des doctrinaires, mais des
« compréhensifs ». Nous affirmons qu'il y a une réforme
morale, voire religieuse, de l'individu, nécessairement
solidaire de la réforme profonde des conditions sociales
ambiantes. Et dans cette affirmation est toute l'originalité
et toute la force de notre mouvement international. Nous
sommes du reste bien tranquilles. Le socialisme doctrinaire n'est que minorité dans le grand mouvement du
socialisme moderne lui-même. D'autre part le matérialisme
athée inspiré par les Büchner et les Haeckel a vécu. Il
s'effondre de lui-même — non pas devant la religion, ce qui
n'aurait rien d'étonnant — mais devant la science elle-
même. Transposé, dans l'économie sociale, il deviendrait
du reste d'une stérilité telle, qu'il organiserait des corps
sans cœurs et une société sans âme.

Nous connaissons un socialisme libéral, idéaliste et tolé-
rant dont l'influence, quelque révolutionnaire qu'elle soit,
grandit chaque jour, parce que ce socialisme sait assez
de psychologie et d'histoire pour proclamer qu'on n'éteindra jamais, d'un geste orgueilleux, ni les petites lumières
du firmament ni les grandes lumières de la conscience
religieuse.

Que le socialisme prenne le nom qu'il voudra, qu'il se
dise chrétien ou simplement humain, il vaincra chaque
fois qu'il respectera la conscience et la liberté, qu'il acceptera
la notion du devoir et n'éteindra pas d'un souffle de néga-
tion systématique ou d'intolérance autoritaire, le « lumi-
gnon qui fume encore », prouvant que le feu divin brûle
toujours dans l'âme souffrante des hommes.

Ce socialisme-là existe et nous sommes avec lui.

Il y a ceux, encore, qui nous diront : vous êtes des uto-
pistes ; vous croyez l'humanité réformable et elle ne l'est
pas. Ses tares sont indélébiles. Adoucissons-les, composons
avec le mal, rusons avec la douleur, mais laissons le chimé-
rique espoir de la guérison. A ceux-là nous répondrons :
nous avons affirmé, à Besançon, la rénovation possible

C'est là un acte de foi. Il n'y a que les satisfaits, les égoïstes ou les découragés qui peuvent parler d'abdication. Nous voulons espérer contre toute espérance. Si c'est un rêve, nous le vivrons quand même.

Enfin, il y a ceux qui ne disent rien. Ce sont les pires ennemis du mieux social. Ce sont des satisfaits qui n'ont pas la force de combattre. Ou bien ils n'ont rien à dire parce qu'ils ne comprennent pas, ou bien ils n'osent rien dire parce qu'ils ont peur.

Nous ne nous chargerons ni de les réveiller ni de les rassurer. Ce sont les poids morts de la mécanique sociale. Ils seront emportés par le souffle puissant du progrès.

*
* *

Les chrétiens réunis à Besançon ont affirmé :

L'égalité légale entre les sexes;

Le devoir civique et politique du citoyen chrétien;

Le respect des minorités électorales;

L'intervention de l'Etat dans les choses de la moralité publique;

L'unité de la morale entre les sexes;

Le principe d'une législation sociale nécessaire et bienfaisante;

La coopération comme régime pacifique d'échange;

L'utilité d'une socialisation de certaines valeurs, en réservant le contrôle du personnel et du consommateur;

La reconnaissance du syndicalisme;

La répudiation de toute méthode de violence inspirée par la haine ou la cupidité — comme contraire à l'Evangile et comme aggravant et perpétuant les conflits sociaux;

L'affirmation de l'arbitrage nécessaire dans les conflits internationaux et la reconnaissance du droit à l'existence des petites nations et des peuples indigènes.

Voilà des principes qui traduisent sommairement, en langage social, notre foi chrétienne et à la lumière desquels nous pouvons marcher.

J'avais présenté sur ces divers points à Besançon des thèses précises et motivées. Le Congrès — c'était son droit — les a légèrement modifiées, mais, en définitive, s'en est approprié l'essence. La commission de rédaction dés vœux, dans son souci légitime de la forme et du style, en a quelque peu atténué, en certains points, le sens originel.

Mais je n'en veux nullement à mes amis de la commission, car je sais qu'ils furent pressés par le temps, et nous acceptâmes tous, joyeusement et d'enthousiasme, les formules proposées.

Qu'on me permette de remercier ici, au nom de mes amis suisses, tous nos amis français. Nous savions qu'en désirant cette première rencontre internationale sur territoire français, sous l'égide de la vaillante phalange de chrétiens sociaux de France, nous tendions la main à des hommes décidés comme nous à sortir de l'ornière des vœux vagues et des aspirations indécises pour aborder les principes, et l'action qui en découlera nécessairement. Nous ne pouvions mieux faire que de désirer le patronage de l'A. P. pour l'étude pratique des questions sociales qui a préparé le terrain et permis à la Journée de Besançon de prendre tout son sens et de donner toutes ses promesses. Qu'on nous permette ici une seule personnalité : je voudrais dire ma profonde reconnaissance à notre ami, M. le professeur Ch. Gide. La présence d'un maître tel que lui à la présidence du 16 juin fut la garantie même du succès. Cette présence fut pour nous, en même temps qu'un puissant encouragement, un contrôle technique inestimable quand nous abordâmes le difficile problème économique. Et c'est une grande joie pour nous tous que M. le professeur Gide ait accepté de présider l'*Union française des Chrétiens sociaux, en vue de l'action*, fondée à Besançon.

Dans cette même journée nous jetâmes, entre suisses allemands et romands, les bases de notre *Fédération nationale suisse du Christianisme social*. Nous nous réunirons à cet effet bientôt. Besançon fut l'occasion de nous rapprocher définitivement, nous romands, des vaillants lutteurs de Suisse allemande, les Kutter, les Ragaz, les Tischhauser, les Lauterburg et d'autres. L'unité du mouvement chrétien social Suisse va se faire et c'est à Besançon que nous le devons. Enfin — et c'est peut-être là le plus grand résultat de cette conférence — le protestantisme sera appelé à se fédérer internationalement sur le terrain du travail social, en dehors de toute dogmatique. Ce sera l'œuvre difficile, mais entrevue déjà du Congrès de 1912.

* *

« Le fait que le sentiment religieux quitte la région idéale et abstraite du dogme pour aborder, avec le courage et l'obéissance pratique le monde réel des faits, voilà l'aurore du jour nouveau. »

Ces paroles de Louis Ferrière (1), commentant le résultat moral de la Journée de Besançon, résument clairement la situation.

Comme l'écrit très justement M. Sublet dans le vaillant *Essor* en dénonçant la conspiration du silence de certaine presse qui se figure qu'en se taisant elle empêche les événements de marcher : « Jésus-Christ n'a légué à ses disciples aucun manuel de théologie, mais il leur a donné un Esprit. » Aujourd'hui il faut *traduire cet Esprit en attitudes et en décisions.*

Il nous suffira pour cela, en prenant concience de notre responsabilité sociale, de ne pas nous départir de la méthode du libre examen et de l'observation exacte des faits suivant la méthode scientifique.

C'est l'infinie complexité du problème qui l'exige.

C'est le souci de respecter les libertés humaines tout en défendant la dignité des faibles qui nous impose cette méthode.

La justice sociale ne se résout pas par une formule. Le « tout ou rien » est la pire des devises.

En cherchant loyalement les solutions possibles sans parti pris, sous l'inspiration de la plus grande pitié et à la lumière de la plus grande justice, nous serons certainement d'accord avec l'Evangile, cette grande charte de liberté et d'amour.

* *

Merci aux vaillants chrétiens de France, à tous les présents de Besançon, d'avoir répondu au vœu de Livron par un acte.

A. DE MORSIER,
député à Genève.

(1) *Signal de Genève.*

LA CONFÉRENCE DU 16 JUIN

Déclaration religieuse

*lue par M. Elie Gounelle, au nom du Comité organisateur
de la « Journée chrétienne-sociale internationale »*

(MATTH. XXIII, 8).

CHERS ET HONORÉS FRÈRES ET SŒURS,

Le Comité organisateur de cette Journée tient à ce qu'il n'y ait
pas l'ombre d'un malentendu sur l'inspiration religieuse et sur la
portée chrétienne de ce premier essai de Conférence internationale
du Christianisme social. Notre Conférence est très largement
ouverte à toutes les bonnes volontés, elle est fraternelle : elle n'est
pas neutre.

Nous sommes avant tout chrétiens.

Résolution de Livron (7 mai 1909). — La Résolution prise le
7 mai 1909, à Livron, ne laisse aucun doute sur la genèse religieuse de notre mouvement, et vous me permettrez de vous
rappeler les considérants de ce document.

A l'occasion des réunions religieuses de Livron, les chrétiens-
sociaux présents en assez grand nombre se sont réunis et ont
affirmé :

1° Le devoir chrétien de tirer les conséquences sociales et pratiques de leur foi et de leurs études;

2° La nécessité de se grouper pour l'action — *en dehors de tout
credo économique ou politique* — autour de quelques principes
fermes et d'un programme d'action. Il leur a semblé qu'il y avait
là une question de vie ou de mort pour le Christianisme social
d'inspiration protestante, placée entre les deux blocs du catholicisme social et du matérialisme révolutionnaire.

Sous l'empire de cette double préoccupation, ils ont voté, le
7 mai 1909, la résolution suivante :

« Les chrétiens sociaux, réunis à l'occasion des assemblées reli-
« gieuses de Livron, préoccupés d'arriver le plus tôt possible à une
« concentration sur le terrain de l'action pratique ;

« Considérant que, à l'heure actuelle, les chrétiens protestants
« ont une responsabilité immédiate à l'égard de l'état social de la
« nation et que leur devoir est de *se grouper en réunissant leurs*
« *activités directes*, afin de *prendre une position plus nette dans les*
« *questions sociales et économiques et les conflits qu'elles entraînent ;*

« Désirent que la question de *l'attitude du Christianisme social*
« *devant le problème économique et social général*, soit étudiée et
« discutée dans le prochain Congrès de l'Association protestante
« en 1910 (à Besançon), si possible comme sujet unique, en tous
« cas, dans une journée spécialement consacrée à ce sujet en pre-
« nant, comme rapport introductif, le travail présenté par M. Gou-
« nelle au Congrès de Paris en 1908 ;

« Et émettent le vœu que, dans le cas où cette combinaison ne
« serait pas possible, il soit organisé une conférence spéciale indé-
« pendante qui précéderait ou suivrait immédiatement le Congrès
« de Besançon. De toute manière, l'entretien projeté devra avoir
« un caractère international et les chrétiens sociaux de Suisse
« seront spécialement invités à y prendre part selon la demande
« de M. Auguste de Morsier, député de Genève. »

A la suite de l'adoption de ce vœu par l'assemblée, le Comité suivant a été constitué à Livron pour réaliser la résolution de l'assemblée :

MM. W. Monod, Elie Neel, H. Monnier, Latune-Fallot, Dʳ Arnal,
Ed. Morin, professeur Abauzit, A. de Morsier, Elie Gounelle ;
Mˡˡᵉ Reinhardt.

A ce premier Comité se sont adjoints, pour l'organisation de la
conférence projetée :

MM. Boegner, pasteur (Annemasse); Bergner (Lausanne); de Meuron, député (Genève); W. Viollier (Genève); Mᵐᵉ Pieczynska (Berne).

L'Association protestante, par l'organe de son président, M. de
Boyve et de son secrétaire général, M. Louis Gouth, nous a accordé
avec un grand empressement, la Journée que nous lui demandions :
nous exprimons à qui de droit notre très vive reconnaissance.

⁂

**Les deux grands principes inspirateurs du Christianisme
social.** — Deux principes chrétiens fondamentaux dominent et
orientent la pensée et l'activité de tous les chrétiens sociaux, dans
le monde entier :

1ᵒ *Le principe de la valeur unique, souveraine, divine, de la
personne humaine*, que nous tenons de l'Evangile et d'où se déga-

gent non seulement, comme cela a été historiquement prouvé, les belles déclarations américaine et française des Droits de l'homme et du citoyen, mais encore ce que Charles Secrétan a appelé *les Droits de l'humanité*, c'est-à-dire les droits de la femme, de l'enfant, du vieillard, du pauvre, les droits du prolétariat industriel et rural, les droits des minorités, etc., et plus profondément encore, ce que Tommy Fallot, s'inspirant de Bersier, a appelé *le Droit au salut*, par où il entendait « le droit de tous au salut intégral, donc à l'existence matérielle normale, à l'existence intellectuelle normale, à l'existence morale et spirituelle normale, c'est-à-dire le droit au pain, à l'air, à l'eau, à l'hygiène, à l'instruction, à l'éducation, à la science, à la beauté, à la liberté de conscience, à la consolation, à la conversion, à la vie éternelle » (1).

Je viens de citer deux noms, chers à tous les chrétiens-sociaux de langue française : Charles Secrétan, le philosophe qui a le mieux adapté et complété la pensée individualiste de Vinet à nos esprits modernes; et T. Fallot, le pionnier français du Christianisme social, qui nous a légué l'héritage spirituel d'Oberlin, enrichi du fruit de ses expériences personnelles et sociales...

2° *Le principe non moins fondamental de l'amour*, ou de la fraternité, synthèse de la loi, des prophètes et de l'Évangile. La morale de la fraternité universelle est le corollaire de la religion du Père et peut seule réaliser toute la justice : elle exprime tout le contenu positif du devoir chrétien.

D'après un grand pionnier américain du Christianisme social, Josiah Strong (2), les deux lois essentielles, dérivées de la loi d'amour, qui doivent inspirer le chrétien dans son activité sociale, sont *la loi du service* et *la loi du sacrifice*. « Ce sont les deux lois fondamentales de tout organisme vivant : il faut leur obéir parfaitement si l'on veut que la société elle-même se perfectionne. »

.·.

Nous sommes donc réunis ici au nom de Jésus-Christ, notre Modèle parfait, notre Inspiration suprême, l'incarnation vivante des deux grands principes qui fondent définitivement tout le Droit

(1) Cf. E. G. *Pourquoi sommes-nous chrétiens-sociaux?* page 96.

(2) Cf. son récent livre *The Challenge of the City* (p. 171-178), pour le développement admirable et évangélique à fond de ces deux lois du service et du sacrifice. « L'égoïsme, conclut-il, est un dissolvant, il est antisocial. L'amour est l'antidote et parce que l'amour est la loi la plus fondamentale du Christianisme, le Christianisme du Christ est et doit être la grande puissance sociale et organisatrice de l'ère nouvelle. »... « La religion de Jésus est profondément sociale et aussi parfaitement adaptée pour sauver la société que si c'était là son unique objet. »

humain, et tout le Devoir humain; au nom de Celui qui a révélé
la valeur infinie de la personne humaine et l'obligation souveraine
de l'Amour sous son double aspect du service volontaire du Père
et des frères, et du sacrifice volontaire jusqu'à la mort de la Croix.
Tous ici, sans exception, d'où que nous venions, à quelque église
et à quelque pays que nous appartenions, nous sommes d'accord,
« en dehors de tout credo dogmatique ou économique, » pour proclamer que nous voulons « unir nos activités diverses » au nom de
Celui que nous acclamons comme notre Maître et notre Sauveur,
au nom du Roi qui s'est fait notre serviteur, du serviteur que nous
voulons faire Roi! C'est Lui qui nous associe et nous oblige à
« prendre position dans les questions sociales et économiques et
dans les conflits qu'elles entraînent. »

Il importe d'écarter deux malentendus possibles. Le succès de
notre Mouvement en dépend.

1. *Notre attitude chrétienne sociale ne saurait être à aucun
degré dogmatique ou doctrinaire.* — Formuler les principes directeurs, les idées inspiratrices qui guident les chrétiens sociaux vers
le Royaume de Dieu, comme nous avons essayé de le faire, à titre
personnel (M. de Morsier dans ses *Thèses*, moi-même dans *le
Rapport* de Paris) et comme vous allez essayer de le faire, dans les
résolutions de cette « Journée, » ce n'est pas dogmatiser, ce n'est
même pas se lier à des textes, c'est simplement chercher à donner
la plus grande précision possible aux vérités essentielles qui doivent dominer notre activité sociale commune, et qui déjà *en fait*
nous orientent. Il va sans dire d'une part que nous nous en remet-
tons entièrement aux consciences individuelles et aux églises parti-
culières du soin de formuler ou de ne pas formuler les croyances
spécifiquement chrétiennes; mais d'autre part, que nous revendi-
quons le droit et le devoir, en cette *Journée* qui est l'aboutissant
de tant d'études, de tant d'expériences, de tant de luttes, de tant
de prières, de chercher ensemble et *de proposer une orientation
chrétienne sociale précise dans les domaines de l'action morale, de
l'action économique et de l'action civique elle-même.*

Nous appelons à nous, en vue de cette action dont nous ne nous
dissimulons pas les difficultés, tous ceux qui, quels que soient
leurs dogmes, leurs formules, leurs confessions de foi, se récla-
ment du Christ et veulent travailler, sous son inspiration, à l'édifi-
cation de la société nouvelle.

On a voulu voir dans le seul fait que nous nous déclarions chrétiens avant d'agir et pour agir, un acte dogmatique : pour l'action

sociale commune, ne suffit-il pas d'être homme? Oui certes, répondrons-nous, *mais l'homme, chez nous croyants, peut-il se séparer du chrétien?*... Nous appartient-il à nous qui avons découvert le secret de l'humanité dans l'Évangile (cette charte non seulement de l'homme parfait, mais de la société parfaite), de séparer la foi spirituelle de l'action sociale, le sacré du profane, le service de Dieu du service de nos frères, — et, dans l'homme lui-même, le chrétien du citoyen, le chrétien de l'homme d'affaires ou de l'homme public, le chrétien du professeur, bref et d'un seul mot, *le chrétien de l'homme ?* Mesdames et Messieurs, la religion pourrait finalement mourir de ce divorce. Et la théorie qui établit ainsi dans l'humanité, dans l'Église, dans l'homme, des cloisons étanches entre la part qui devrait être faite au Christianisme et la part qui doit être faite à l'humanité, cette théorie, d'origine païenne, n'est ni plus ni moins celle du cléricalisme lui-même, puisqu'elle sépare Dieu de l'humanité, et le culte de la justice sociale! Elle n'est ni humaine, ni chrétienne. Car on ne fait pas à l'Humanité sa part; elle est tout. On ne fait pas davantage au Christianisme sa part : il est tout (1). Être chrétien, c'est être arrivé, par la grâce de Dieu, à identifier par la foi, en attendant que ce soit en réalité, le Christianisme et l'Humanité.

Nous estimons donc que tous les chrétiens, si divisés qu'ils soient, peuvent former une immense famille de frères, dès qu'ils voudront prendre conscience de leur parenté spirituelle, et qu'ils possèdent une force unique au monde, originale, irrésistible, qu'il s'agit aujourd'hui d'appliquer, pour aider à le résoudre, au problème social tout entier.

2. *Notre attitude n'est pas, ne doit pas être ecclésiastique.* — Voici pourquoi. Tous ou presque tous en tous cas, nous appartenons à des églises, nous les respectons, nous les servons, nous les aimons. Mais précisément parce que leur œuvre spirituelle est devenue infiniment délicate et complexe, il importe de les laisser en dehors de notre tentative, non pour les ignorer, mais, au contraire, pour les mieux servir. Il ne faut pas risquer de les compromettre dans des labeurs sociaux ou dans luttes publiques. Leur mission d'inspiratrices, d'éducatrices religieuses leur dicte présentement une grande prudence, comme aussi la réputation qu'elles ont, à tort ou non, dans les masses ouvrières, d'être des foyers de conservation et de défense sociale, leur impose une certaine réserve,

(1) « La religion, a dit Secrétan, est tout ou elle n'est rien..., et les esprits modérés, les gens raisonnables qui en font *quelque chose*, et qui essaient de lui mesurer sa place dans leur vie, la comprennent incomparablement moins bien (s'ils sont sincères) que ceux qui la suppriment tout à fait dans la leur. » (*Principe de la morale*, p. 232).

surtout si elles ne peuvent pas ou n'osent pas encore prendre crânement position dans la mêlée? En tout cas, la chaire n'est pas une tribune; le sanctuaire, un forum; le temple, un Parlement... Dès lors, la question se pose, pressante : les chrétiens, rattachés ou non à des églises, n'ont-ils pas tous le droit, et même le devoir, de faire ce que les églises comme telles ne font pas, ne peuvent pas faire directement?

Ne nous appartient-il pas de traduire en *actes*, en *groupements d'action*, en *fraternités*, les principes, les préceptes, que l'Église ne cesse de nous inculquer, que notre chère vieille Bible ne cesse de nous inspirer, et qui sont foulés aux pieds la plupart du temps par l'organisation sociale et économique moderne? Nous l'avons pensé, et c'est pourquoi nous avons appelé très respectueusement, de tout notre cœur, les chrétiens sociaux, sans distinction de classes, d'églises, de partis, à discuter ici les bases essentielles d'une Fédération soit nationale, soit internationale, du Christianisme social en vue de l'action.

Après ces remarques destinées à préciser le but et l'inspiration de cette Journée, je suis chargé par le Comité organisateur de faire cette déclaration, ou plus exactement, cette *constatation* que c'est au nom du Christ, sous son inspiration et avec sa force, que nous voulons essayer de comprendre d'abord, de réaliser ensuite, soit *personnellement*, soit *collectivement*, notre *devoir social*, et cela dans les termes suivants :

Nous affirmons simplement et joyeusement, au début de cette Conférence du Christianisme social international, que les chrétiens sociaux de toutes les écoles de réforme sociale et de toutes les dénominations, réunis à Besançon, veulent travailler, avec l'aide de Dieu, dans l'amour fraternel, à la réalisation de la justice dans tous les domaines, c'est-à-dire du Royaume de Dieu sur la terre, en s'inspirant des enseignements de l'Évangile et de l'esprit de Jésus-Christ.

Élie GOUNELLE.

Compte-rendu de la Conférence
chrétiennne - sociale - internationale

de Besançon, 16 juin 1910[1]

🍄 🍄 🍄

Commençons par payer nos dettes, officiellement, c'est-à-dire au nom du Comité organisateur de la Conférence internationale de Besançon. Nous avons voulu nous placer sous l'inspiration générale de notre *Association protestante pour l'étude pratique des questions sociales*, à qui nous devons tant de fortes études, tant de suggestions à l'activité personnelle, et au sein de laquelle nous tenions à inaugurer, à Besançon, notre nouveau mouvement d'action sociale. Notre grande reconnaissance va spécialement à M. de Boyve, son président, et à M. Louis Gouth, son secrétaire général et fondateur, qui ont mis la plus grande obligeance à nous faciliter les choses et à nous accorder la troisième Journée de la grande session de Besançon. Il est logique et il est bien qu'une Union pour l'action sociale prenne naissance dans une Association pour l'étude pratique...

Les deux premières journées du Congrès de l'*Association protestante* nous ont puissamment orienté vers l'action. Les très beaux rapports de M. GIDE sur les *Conflits entre le Capital et le Travail* et de

(1) Plusieurs congressistes ont remarqué certaines divergences entre le texte voté par l'Assemblée et celui de la Déclaration de principes. Les écarts entre les deux rédactions, dans les conditions où elles ont été faites, étaient inévitables; l'Assemblée avait laissé la plus grande latitude aux membres si autorisés de la commission de rédaction. Les divergences, du reste, portent moins sur le fond des choses que sur certaines nuances. Nous tenons à exprimer notre reconnaissance aux rédacteurs qui se sont en tout cas acquittés de leur tâche avec une grande distinction et une loyauté parfaite.

Nous compléterons toutefois l'œuvre de Besançon dans les congrès ultérieurs, ainsi qu'il a été dit à Besançon même. Nous ne regarderons pas au nombre : nous voulons marcher avec prudence, mais avec résolution.   E. G.

M. Gaston Richard sur *L'Objet et la Méthode de l'Education sociale*, ont été, en quelque sorte, pour tous ceux qui avaient soif d'action, les préliminaires de la Journée chrétienne-sociale internationale, appelée par quelques-uns, avec une pointe d'ironie peut-être, « la grande journée »; on sentait au peu d'empressement des orateurs à entrer dans la discussion que ceux-ci se réservaient pour le jeudi.

Et ce jour est arrivé enfin, tout frémissant d'émotion, tout grave de sa responsabilité, conscient d'une mission à remplir. Comment sera-t-il accueilli? Telle est l'anxieuse question que se posaient nos âmes, surtout celles des deux hommes que l'on peut nommer les promoteurs du mouvement, *M. Auguste de Morsier* et le *pasteur Elie Gounelle* : ce dernier, en effet, est l'auteur du rapport historique et psychologique présenté au Congrès de Paris en 1908, « Pourquoi sommes-nous chrétiens sociaux? » qui a été l'acte initial; et de plus, jusqu'aux réunions de Livron et jusqu'à Besançon, il a été l'un de ceux qui ont le plus préparé le nouveau mouvement en France; M. de Morsier, de son côté, a écrit le vibrant manifeste intitulé : « Appel aux chrétiens »; c'est lui surtout qui a élaboré le programme dit de Besançon, en présentant des thèses rédigées et enfin il a recruté les premiers adhérents de la Suisse romande.

Et ce jour solennel, qui a été aussi une longue et laborieuse journée, s'est heureusement passé, comme le prouvent les résolutions votées, la création des deux groupes nationaux indépendants français et suisse et celle de la Fédération internationale des chrétiens-sociaux.

Le vœu de Livron est réalisé, ou plutôt il commence à se réaliser, car nous ne sommes encore qu'à un début, à une orientation de l'action; mais le nom de christianisme social est maintenant admis, compris, consacré; les chrétiens-sociaux ont un programme minimum autour duquel on peut se rallier en connaissance de cause.

En a-t-il fallu des efforts pour effacer les malentendus, stimuler les bonnes volontés, rasséréner ceux qui prenaient peur? Depuis près de deux ans, MM. de Morsier et Gounelle y travaillent sans toujours y réussir. Depuis plus de vingt ans, les promoteurs de l'Association protestante pour l'étude pratique des questions sociales, MM. Louis Gouth et de Boyve en tête, souhaitaient une consécration de leurs études pratiques et de leurs congrès; et, d'une façon plus ou moins indirecte, soit au sein de la première Commission d'action, soit d'une manière indépendante, nos militants du christianisme social (citons MM. Wilfred Monod, Raoul Allier, Maury, Henri Monnier,

Quiévreux etc.) préparaient cette « Union en vue de l'action » que l'Association pour l'étude voit aujourd'hui naître avec une sollicitude presque maternelle : *MM. de Boyve, L. Gouth, Elie Neel, Paul Passy* y ont adhéré avec joie et *M. Gide*, l'éminent économiste, la préside avec grande sympathie et avec toute l'autorité de son nom.

Et la Commission d'action, nous a-t-on demandé, que dit-elle? La Commission d'action, en la personne de son président, le *professeur Maury*, de Montauban, dit qu'elle ne peut agir que sur le terrain et sous le contrôle des églises, et qu'il faut, à côté d'elle, un mouvement chrétien-social qui puisse rayonner en dehors des églises, un mouvement qui puisse, selon les nécessités, avoir un programme précis, en morale sociale, en économie sociale, en politique même, qui ose enfin se compromettre dans la rue ou ailleurs; et M. Maury a donné son nom parmi les premiers signataires du groupement français.

Vraiment, ne pensez-vous pas que nous ne puissions dire aussi « la bonne journée? ».

Que l'Association protestante pour l'étude pratique dont notre « Union en vue de l'action » se dit fille, nous pardonne de glisser sur ses deux journées à elle (1), pour arriver à la troisième dont ces quelques pages constituent le compte-rendu officiel.

A neuf heures, dans le Temple de Besançon (ancienne chapelle d'un couvent du Saint-Esprit), encore peu rempli, par un temps frais et couvert, s'ouvre la journée. *M. Gide*, proposé comme président, est élu par applaudissements, *MM. de Morsier, Gounelle*, l'assistent comme secrétaires-généraux (2).

M. Gounelle commence par la lecture d'une déclaration religieuse qui caractérise, au nom du Comité organisateur (nommé à Livron), le mouvement chrétien-social actuel et qui affirme, de la façon la plus énergique, notre caractère de *chrétiens*. Cette déclaration et son commentaire sont reproduits *in extenso* dans ce numéro; puis *M. Wilfred Monod* exprime nos sentiments et nos vœux à tous dans une émouvante prière.

---

(1) Le volume des Travaux du Congrès de Besançon est en souscription au prix de 2 fr. 50. S'adresser à l'agent général de l'Association, M. Sibleyras, 19, boulevard Zola, à Aix-en-Provence.

(2) Assesseurs : le *pasteur Morel* de Neuchâtel et *M. Platzhoff* de Lausanne. Secrétaire de séance : *Mlle Reinhardt*; secrétaires-adjoints : *Mlle Grandpierre* et *M. de Vargas*. Commission des vœux : *MM. Fulliquet, Raoul Allier, Henri Monnier, de Meuron*; *M. Maury* n'a pas pu accepter d'en faire partie et en cours de séances, *M. Quiévreux* est adjoint à la Commission.

M. Gide lit une lettre du Pasteur *Ch. Babut* de Nimes, rappelant la différence profonde entre les mentalités française et suisse et insistant aussi sur l'idée, qu'en France, c'est seulement au sein du protestantisme que nous pouvons espérer organiser une action sociale pratique.

Ont exprimé leurs regrets de n'avoir pu venir ou leurs vœux, le *professeur Seeberg* de Berlin et le *pasteur Lienhard* d'Alsace pour la conférence *Kirchlich-sozial;* le *pasteur Traub, M. Schneemelcher* et *M. Schubring* pour le Congrès *Evangelisch-sozial,* en Allemagne; le *professeur Rauschenbusch* d'Amérique; les *pasteurs A. Schaffner* et *André Monod,* délégué de la Croix Bleue, de Paris, *Bogner* d'Annemasse; *M. Paul Doumergue,* le distingué directeur de *Foi et Vie; M*lles *Rappart* et *Wullschleger* au nom des Unions chrétiennes de jeunes filles de France; *M. Geisendorf,* secrétaire-général de l'Union chrétienne des jeunes gens de Genève; *M. et M*me *Courvoisier* de la Chaux-de-Fonds, etc.

Plusieurs dépêches sont également lues : du *pasteur Langa* en session au Congrès des Missions à Edimbourg; du *pasteur Louis Gouth* que son état de santé tient encore une fois éloigné de nous, à son grand regret et au nôtre; du *Groupe d'hommes de l'Eglise indépendante de la Chaux-de-Fonds;* du *Groupe chrétien social de Saint-Imier-Sourcillier.*

Parmi les notabilités protestantes, nous remarquons avec plaisir M. Lacheret, président de l'Union des Eglises réformées évangéliques; MM. les professeurs Morel, de Neuchâtel, et Fulliquet, représentant la Faculté de Genève; M. Luigi, directeur de l'*Eglise libre;* M. Jézéquel, de la *Vie nouvelle;* M. Latune-Fallot, industriel, etc., etc.

La liste des congressistes inscrits, délégués de groupes ou membres individuels, est donnée ci-après; nous en comptons 155 auxquels il faut ajouter les nombreux assistants non inscrits, les habitants de Besançon et de la région, car le temple était plein. Qu'il nous soit permis à cette occasion d'exprimer encore nos remercîments de la bonne hospitalité reçue et de redire au pasteur Metzger notre reconnaissance pour toute la peine qu'il s'est donnée dans la parfaite organisation locale.

M. de Morsier indique l'ordre du jour :

Matin : discussion des principes;

Après-midi : organisation pratique et message des délégués;

Soir : organisation des groupements et lecture des vœux.

Pour la facilité et la clarté de la discussion, les votes ne devant encore donner qu'une orientation pour notre travail, notre activité pratique, M. de Morsier développe un résumé des thèses et fait remarquer que ces votes n'engagent nullement l'Association protestante ni aucune des autres associations représentées dans la salle; mais, ajoute M. de Morsier, il est des principes de justice élémentaire sur lesquels nous devons nous mettre d'accord, par exemple en ce qui concerne les droits civiques. Nous devons aussi avoir le courage de nous occuper de politique, car le but suprême de la politique, c'est l'organisation sociale, et si la politique est mauvaise, c'est parce que les bons en laissent le maniement aux farceurs, aux parleurs et aux politiciens de carrière. M. de Morsier pense que sur l'unité de la loi morale, il n'y aura guère de discussion ainsi que sur l'intervention de l'État dans la lutte contre l'immoralité.

Quant à la troisième partie, celle de l'organisation économique, les conflits entre le capital et le travail et la question du syndicalisme professionnel, si brûlantes qu'elles soient, il ne faut pas en avoir peur; nous devons constater que l'ordre économique actuel n'est pas bon, que les biens ne sont pas légitimement distribués. *L'Association* a une solution trop unique, la coopération; il y en a d'autres; il s'agit de les examiner (1).

Le *pasteur Huguenin* de Saint-Imier lit au nom de *MM. Paul Passy* (2), *Wilfred Monod, Ragaz, Gounelle*, etc., etc., la déclaration suivante de l'*Union des Socialistes chrétiens* (3).

(1) A ce propos, il est intéressant de noter que *Le Sillon* vient d'avoir, le 10 juillet (presque un mois après nous) une réunion de son comité d'action sociale où il définit par un article des statuts, le caractère de son action. C'est en somme notre programme de Besançon, un peu atténué. (*L'Éveil démocratique* du 17 juillet).

ART. 2. — Le Comité se propose de poursuivre une œuvre de transformation économique et sociale dans un sens démocratique et soutient, à cet effet, toutes les initiatives qui tendent à développer la conscience et la responsabilité sociale de chacun.

Dans ce but, il préconise notamment une triple action : 1° Un effort économique tant par le développement d'un syndicalisme vraiment professionnel, respectueux des forces morales et religieuses et orienté vers une transformation démocratique de la société, que par la constitution de commandites, de coopératives de production et de consommation et de toutes autres entreprises ayant pour but de supprimer les intermédiaires et de faire accéder progressivement et solidairement les travailleurs à la direction de leur travail. 2° Une action législative qui vienne sauvegarder les droits des plus faibles et fasse triompher la solidarité et la justice dans les rapports économiques et sociaux. 3° Une œuvre d'éducation ayant pour but de former la conscience sociale des individus et d'intéresser chaque citoyen à la cause de la justice sociale.

(2) M. Paul Passy est venu, bien que très souffrant et malgré son médecin; mais il n'a pas dû parler.

(3) Cf. sur l'attitude des « socialistes chrétiens » à Besançon, l'article de M. Wilfred Monod dans l'*Avant-Garde* de juin-août 1910.

« En participant à la réunion « chrétienne-sociale de Besançon », les membres de l'Union des socialistes chrétiens désirent, pour prévenir tout malentendu, préciser le sens de leur collaboration.

« Nous estimons, en effet, qu'il est impossible de travailler d'une manière efficace à l'établissement sur la terre du Royaume de Dieu, si les racines même de l'injustice ne sont pas extirpées.

« Nous ne pouvons donc prendre notre parti d'aucun système social fondé sur le « chacun pour soi » et sur une répartition injuste de la propriété. C'est pourquoi nous nous rallions à l'idéal socialiste international d'une propriété universalisée, socialisée. Nous acceptons le programme qui propose de remplacer la compétition par la solidarité, qui place le but de l'activité économique dans la satisfaction des besoins de tous et non dans la poursuite du profit de quelques-uns, qui supprime tous les modes d'exploitation de l'homme par l'homme, et les principales causes du conflit, soit entre les individus, soit entre les nations; qui, enfin, régissant les choses pour affranchir les âmes, tend à remplacer la vieille conception politique et gouvernementale de l'État par la notion fraternelle d'une République coopérative de producteurs.

« Nous nous associons donc de tout cœur aux efforts universels du prolétariat organisé vers cette humanité nouvelle que les prophètes d'Israël, dans leurs visions messianiques, avaient magnifiquement pressentie, règne d'amour, de paix et d'équité que le christianisme du Christ a placé au centre de ses espérances, au cœur même de l'Oraison dominicale.

« D'autre part, nous ne pouvons ni ne voulons méconnaître le souffle généreux de justice sociale qui anime les chrétiens sociaux, protestants et catholiques. Nous croyons que ces pionniers sont dirigés par Dieu et qu'ils ont reçu de lui la mission d'éveiller la conscience sociale des autres chrétiens. Aussi regardons-nous comme un privilège et un devoir de les seconder dans leur noble initiative, et nous estimons qu'en agissant de la sorte nous nous acquittons envers eux d'une dette véritable de reconnaissance.

« Au moment où le christianisme social sort, définitivement, des discussions abstraites pour aborder le terrain des solutions pratiques, c'est avec joie que nous nous joignons à nos frères dans cette réunion internationale, bien persuadés que notre collaboration sera féconde en résultats utiles à la cause du Royaume de Dieu. »

.·.

Discussion des Thèses

I. — DROITS CIVIQUES

M. Gide prie qu'on ne demande la parole que dans le cas de réelle divergence.

A. — La politique est la forme organique de l'intérêt et de l'utilité publiques. Le citoyen chrétien ne saurait s'en désintéresser,

(Voté à l'unanimité).

B. — Dans une démocratie chrétienne, la femme doit posséder les mêmes droits civils et politiques que l'homme.

Après une discussion assez animée, la thèse B est adoptée à l'unanimité moins une voix.

C. — L'organisation du suffrage proportionnel des minorités réalise une meilleure justice électorale, mais exige d'autant plus des citoyens éclairés et dévoués à la chose publique.

M. de Morsier dit que le vote de cette thèse sera un vote d'indication.

M. Comte se demande comment on peut voir, dans la Représentation proportionnelle, une conséquence nécessaire des principes de l'Evangile. Certaines conceptions du système peuvent amener l'écrasement des minorités.

M. de Meuron fait remarquer que les idées émises par M. Comte ne sont pas du tout dans la pensée du rédacteur des thèses. Il ne s'agit pas de se prononcer sur tel ou tel système particulier d'élection.

La proposition est adoptée.

II. — MORALE SOCIALE

A. — Une seule morale pour les deux sexes. Une seule morale aussi pour l'individu et pour l'Etat, pour les riches et pour les pauvres.

La morale n'est pas une morale de classe.

(Adopté à l'unanimité moins trois voix).

B. — Abolition de toute mesure d'exception à l'égard de la femme sous prétexte de mœurs.

C. — Intervention de l'Etat en faveur de la moralité publique. Mesures pour assurer l'application des lois protectrices des bonnes mœurs. Droit de poursuite directe.

M. de Morsier demande la jonction de ces deux paragraphes qui sont votés à l'unanimité.

D. — Arbitrage international et désarmement progressif.

MM. Comte et Neel demandent que l'on ajoute les mots « simul tané ou parallèle. »

(Adopté et renvoi pour rédaction, à la commission des vœux.)

E. — Protestation contre les guerres et les manœuvres qui les préparent. Droit à l'autonomie des petits peuples.

M. Paul Passy demande qu'on ajoute « et des peuples non civilisés. »

M. Wilfred Monod est heureux que la question pacifiste se pose dans ces thèses.

Vive discussion provoquée par *M. Henri Monnier* qui est inquiet au sujet du commentaire de cette thèse développée par M. de Morsier; il demande qu'on s'explique sur ces mots : « Guerres fa''s par un chauvinisme dangereux. » Il trouve qu'il y a là matière à équivoque, que les chrétiens sociaux de tous les pays et en particulier les Français, s'ils ont le devoir de s'opposer aux guerres offensives, n'ont pas le droit de se lier par des principes qui pourraient affaiblir la puissance et l'honneur national; les chrétiens sociaux français veulent pouvoir défendre l'intégralité de la France et ne pas être confondus avec des hervéistes.

M. Comte se joint à M. Monnier.

M. Paul Monod demande à M. Monnier si, avec la tactique des gouvernants habiles à masquer leurs ambitions ou leurs intérêts particuliers, il se croit capable de déclarer qu'une guerre est purement défensive. Il pense que les ennemis de la guerre doivent avoir le courage d'aller jusqu'au bout de leurs principes, quitte à encourir certaines accusations, comme cela a été le cas pour les prophètes d'Israël. Quant à l'intégralité de la France, à quelle époque la fixe-t-on? Est-ce que ce souci d'intégralité supposera que nous voulons toujours certaine revanche? S'il le faut, nous accepterons le principe, mais nous ne sacrifierons pas des vies humaines à la guerre; n'oublions pas que ce n'est que par des renoncements que l'on avance dans la voie du progrès.

M. Gounelle demande que l'on mette : « Protestation contre les guerres de conquête, etc. »

MM. Quiévreux, Gounelle, de Riaz, Rehrich, Pourésy, Fuster, Paul Passy, Neel, Latune, Meille et *Jézéquel* prennent part à la discussion ; après plusieurs propositions, on décide de revenir sur l'article D, d'y ajouter la protestation contre la guerre et d'affirmer le droit à l'autonomie de tous les peuples.

M. Passy répète : « Et des peuples non civilisés. »

M. Comte proteste contre ces mots qui sont remplacés par : « *Réprobation des guerres coloniales.* »

La Commission rédigera les deux articles suivant ces observations et devra dans sa déclaration maintenir l'affirmation de l'idée de patrie.

III. — ÉCONOMIE SOCIALE ET INDUSTRIELLE ; RICHESSES PUBLIQUES

M. de Morsier propose de discuter seulement le principe car les thèses sont longues et explicatives (Cf. n° d'avril de la *Revue du Christianisme social*, A à G, p. 198 et 199) ; il en donne une rédaction plus sommaire et l'assemblée est appelée à se prononcer sur les trois points suivants : l'interventionisme en matière de législation protectrice, le coopératisme et le collectivisme.

1° Pour l'interventionisme, il faut en reconnaître le bienfait au point de vue social sous forme d'une législation précise pour la protection des travailleurs et l'établissement de contrats de travail, en vue de permettre aux travailleurs *la réalisation de leur développement intégral.*

La motion est votée sans opposition, et la Commission est chargée de rédiger le paragraphe.

2° Les bienfaits du coopératisme sont rappelés par *M. de Boyve,* un des chefs de l'École de Nîmes, qui le considère comme la seule organisation sociale capable d'amener la transformation de la société par l'éducation de ses membres, sans aliéner leur liberté. La coopération répond tout à fait aux principes chrétiens puisqu'elle est l'opposé du système compétitif avec sa devise : « Tous pour chacun, chacun pour tous » ; pour M. de Boyve même, elle résout les trois questions posées.

Les bienfaits de la coopération sont reconnus à l'unanimité.

3° La question du collectivisme amène un long débat.

M. de Morsier demande à M. de Boyve comment il pense, à l'aide des coopérations de consommation et de production, arriver à mettre entre les mains des travailleurs les grands moyens de production, organiser les grands services publics, chemins de fer, etc. ?

M. de Boyve croit cela possible pour l'avenir ; mais *M. Gide* rappelle que nous sommes au présent et que la coopération ne peut actuellement prétendre s'emparer des mines, des chemins de fer et surtout de la terre. Il faut donc bien qu'elle admette, en dehors de sa sphère, d'autres forces sociales telles que l'action de l'État et le syndicalisme

M. de Boyve en convient, s'il s'agit du moment *présent,* mais dès que le régime coopératif aura remplacé le régime compétitif, les chemins de fer comme les mines et la terre pourront être administrés coopérativement.

M. Fulliquet parle des municipalisations des services publics qui se dessinent dans certaines villes; sommes-nous favorables à ce mouvement? Lui a des scrupules, tout en reconnaissant qu'actuellement le sort des employés y est souvent meilleur que dans l'industrie privée.

M. de Boyve pense que la possibilité de la municipalisation dépend de la mentalité des différents pays.

M. Comte voudrait qu'on insistât sur l'influence individuelle, éducatrice, que chacun doit exercer autour de lui : « Si nous prenons part au conflit comme groupe, précise-t-il, nous ferons faillite ». « La situation est grave. Etes-vous compétents? Avez-vous assez étudié les questions économiques pour parler de socialisation des moyens de transports? Les pays sont-ils prêts? Etes-vous bien sûrs par ce régime de ne pas amener un état de favoritisme pire qu'aujourd'hui? N'y a-t-il pas une question d'éducation préalable? Vous voulez tendre vers un collectivisme, mais vous êtes empoisonnés, imprégnés du venin de l'étatisme. » Cependant M. Comte déclare que personnellement, il va plus loin que les thèses de M. de Morsier.

M. de Morsier constate alors que M. Comte est au fond plus collectiviste que lui; il serait donc encore plus malade du venin qu'il signale.

La réalité est que nous sommes en présence de faits et que nous, chrétiens, nous avons à engager notre responsabilité devant ces faits. Nous constatons qu'il y a une appropriation par la collectivité qui est utile dans certains cas et qui peut arracher à l'exploitation privée de trop forts bénéfices, en l'empêchant de faire des spéculations excessives (mines de Courrières, par exemple). Le collectivisme absolu n'est pas encore réalisable; il y a comme transition pour y parvenir, un certain étatisme nécessaire, mais un étatisme différent de celui que nous avons et dans la gestion duquel consommateurs et travailleurs doivent posséder des pouvoirs de contrôle. Quant au fond, M. de Morsier trouve que nous devons avoir, comme chrétiens sociaux, le courage de dire notre opinion sur ces questions et dans les affaires du pays.

M. Comte répond que nous devons faire cela, non en tant que chrétiens, mais parce que nous sommes des hommes. Nous n'aurons d'influence que comme personnalités, et encore faut-il être logique avec soi-même; M. Passy est le seul qui le soit, par son renoncement à toute fortune (allusion à la fondation de Liéfra). M. Comte insiste pour que l'on développe intégralement le système coopératif, sans porter préjudice au petit commerce qui est très respectable.

M. Pétavel, officier anglais, insiste sur les bienfaits de la coopération qu'il présente comme une panacée universelle.

M. Gide lit une rédaction modifiée de la thèse; *M. Gounelle* regrette l'ancienne et propose la rédaction suivante :

« L'appropriation progressive et légale, par la collectivité, des richesses naturelles et sociales qui revêtent un caractère d'utilité publique immédiate, est légitime pour réagir contre la spéculation et les accaparements privés, ainsi que pour lutter contre le déséquilibre entre le taux de la rémunération du travail et celui de profit du capital. Ce déséquilibre est le résultat de la concurrence sans limite qui entraîne fatalement l'exploitation des faibles par les forts. » (Texte résumé de la thèse I).

La discussion reprend.

Le *pasteur Kutter*, de Zurich, monte à la tribune; il parle en allemand, M. Platzhoff traduit. (M. Kutter a rédigé lui-même, après, à Zurich, selon ses souvenirs, l'allocution que lui avait inspirée ici l'émotion du moment; cette rédaction est donnée plus loin, mais nous nous permettons de reproduire ici deux passages où les notes prises en séance reproduisent mieux l'énergique improvisation de M. Kutter).

Il n'est pas possible, pour le moment, dit-il, de prendre position au point de vue chrétien dans les questions techniques; mais il n'est pas possible non plus de séparer en nous les questions religieuses de la question sociale. La sociale-démocratie est une grande puissance; le christianisme n'a pas actuellement cette puissance; nous voulons compléter la sociale-démocratie, mais nous n'en avons ni la force ni l'enthousiasme. Nous ne parlons pas assez de Dieu; il nous faut l'enthousiasme intérieur, l'esprit de Dieu, non celui des églises et de la simple piété, mais celui du Dieu créateur. Ainsi aujourd'hui, on n'a pas prononcé le nom de Dieu dans cette dernière discussion; cette question ne nous préoccupe pas assez. Il faut parler non du christianisme mais de Dieu. *(Wir müssen Gott wichtig nehmen)*. Alors tout devient action. Non seulement les athées, mais les hommes pieux eux-mêmes, aujourd'hui, oublient Dieu...

Nous avons besoin que les gens reconnaissent qu'il existe une puissance à côté de Mammon; il est impossible d'exprimer cela en théorie, il faut que le monde voie cette puissance, qu'il sente que le christianisme, c'est Dieu lui-même, c'est la grande protestation contre l'injustice... Faisons en nous, par nous, apparaître la réalité de Dieu.

La séance est levée à midi dix, après une prière du *pasteur Lacheret*.

∴

SÉANCE DE L'APRÈS-MIDI

La séance reprend à deux heures.

M. Gide lit la nouvelle rédaction de la thèse sur la question économique :

« Il est une appropriation utile pour la collectivité de certaines richesses naturelles et sociales qui revêtent un caractère d'utilité publique immédiate ; mais il faut chercher à réaliser dans ces formes d'exploitation industrielle par l'Etat ou la Commune, un contrôle respectif des délégués du personnel et des consommateurs. »

Cette rédaction est adoptée.

IV. — LE SYNDICALISME

M. de Morsier propose, en remplacement des alinéas 1 à 4 des thèses (N° d'avril de la *Revue du Christianisme social*, pages 201), le texte D des conclusions du rapport de M. Gide, présenté le 14, sur « les conflits entre le capital et le travail » :

En l'état actuel des choses, une forte *organisation syndicale* paraît être la condition préalable sans laquelle aucune institution ne pourra porter de fruits. Il faudrait donc s'efforcer de réconcilier le patronat avec les syndicats, ce qui aurait pour effet de rendre ceux-ci moins agressifs et plus pratiquement réformistes.

M. Gide fait remarquer que cela n'ira pas tout seul et que, sans doute, bien des membres de nos églises s'opposeraient à ce vœu.

Après quelques remarques de *M. Comte*, ce texte est adopté. La discussion avait marqué la nécessité d'une organisation syndicale, tant du côté des ouvriers que du côté des patrons, et celle de les amener tous à reconnaître ce droit constaté par la loi ; les patrons ne doivent donc pas refuser de traiter avec les ouvriers syndiqués.

Restent les deux derniers alinéas des thèses :

Le chrétien doit énergiquement réprouver l'action directe par les coups de force, le sabotage, l'excitation à la haine ou à l'émeute, l'abus de la force ou le refus de parlementer, que ces excès proviennent de ceux qui détiennent le capital ou de ceux dont le travail en dépend.

On peut admettre la lutte pour la défense des intérêts de classe, comme un moyen légitime de défense. Mais l'on ne saurait envisager un ordre économique et social fondé sur la guerre perpétuelle. Il faut vouloir la paix dans la justice et y tendre constamment.

M. Huguenin lit une note de *M. Paul Passy* à propos du sabotage : « La paix économique, l'entente entre le capital et le travail sont des formules équivoques. Nous ne voulons pas d'une paix qui serait la consécration de l'état de choses actuel, ni d'une entente qui serait l'acceptation de ce régime par le prolétariat. » Il fait aussi remarquer que le sabotage est chronique et courant chez bien des patrons (falsifications, tromperies sur la qualité de la marchandise, malfaçons industrielles, etc.); ce sabotage patronal est d'autant plus odieux qu'il n'est pas comme celui des ouvriers, un acte de guerre, et cependant il est loin de soulever la même indignation.

M. de Boyve ne veut pas les mots « lutte de classes », parce que les ouvriers les comprennent dans le sens de *haine de classes*. Ce mot lutte doit disparaître, être remplacé par celui de fusion.

M. Gounelle dit que, dans nos thèses, nous ne prenons pas parti pour ou contre la lutte de classes, mais qu'une explication s'impose; il ne faut pas avoir peur des mots.

1° Il y a un état de fait, des classes qui ont des intérêts souvent contraires et, par conséquent, il y a des luttes de classes : fait navrant, mais incontestable et qu'il faut regarder en face.

2° Ce fait historique de la lutte de classe est érigé par les socialistes révolutionnaires en principe de tactique, voire en principe de morale sociale; bien compris, ce principe est inspiré par le sentiment d'une dignité de classe et d'un devoir de classe, celui de se défendre, de faire, en tant que travailleurs, les affaires des travailleurs eux-mêmes. Les théoriciens, les leaders socialistes ont souvent dit que la lutte de classes ne signifiait pas *haine de classes* et encore moins haine entre individus de classes différentes, comme on le pense presque toujours, à tort, parmi les chrétiens de la bourgeoisie. Qu'en fait, hélas! et souvent, les masses sans éducation suffisante passent de la lutte légitime à la haine immorale, cela n'est que trop évident; mais il importe que nous ici, nous ne confondions pas et que nous tenions compte des commentaires officiels du socialisme.

Il ne s'agit donc pas d'une haine de l'ouvrier particulier contre le patron, mais des intérêts de toute la classe des travailleurs organisés; bien souvent, M. Gounelle a entendu à Roubaix des ouvriers guesdistes lui faire personnellement l'éloge de leur patron, tout en votant contre lui, au nom de l'ensemble : voilà la lutte de classe, telle qu'elle est comprise par le prolétariat conscient. Oserons-nous la condamner en bloc?

3° Il est vrai que la lutte de classes peut, en effet, devenir *haine de classes* et qu'elle se mêle alors, dans les conflits économiques de tous les jours, à des excès. Ces excès, nous devons les réprouver, et c'est ce que nous faisons dans notre thèse.

Nous, chrétiens sociaux, protestons d'une manière absolue contre la *haine de classes*. Il est à remarquer que les militants socialistes n'emploient pas ce mot « haine de classes. » Le paragraphe de la thèse se borne à constater l'état de fait et la nécessité actuelle, pour la classe des travailleurs, de défendre ses intérêts collectifs; elle déclare légitime le principe de cette défense, et c'est tout; cela ne veut pas dire que nous imposions aux chrétiens sociaux les principes du socialisme international. Ceux qui voteront les thèses ne voteront donc pas pour des méthodes de violence, mais sous l'inspiration de l'amour qui crée la justice.

La discussion devient assez vive entre MM. *Raoul Allier, Bergner, Comte, Henri Monnier, Paul Monod, Quiévreux, Preyswerk, Gounelle* et *Fuster* pour la rédaction de la thèse à laquelle on joint aussi le 2° alinéa :

La grève doit être précédée de tentatives loyales de conciliation devant des offices spéciaux et permanents de conciliation et d'arbitrage nommés par les parties en cause, conformément à la loi.

M. Henri Monnier ne veut pas des mots « intérêts de classes » qui ne sont pas chrétiens sociaux.

L'impression qui se dégage de l'ensemble de la discussion est la volonté de tenir la balance égale entre les ouvriers révolutionnaires et les patrons intransigeants; c'est pourquoi il y a lieu de regretter que la Commission ait omis dans sa rédaction les mots « abus de la force et refus de parlementer » qui se trouvaient dans la thèse votée.

A une forte majorité, l'assemblée adopte la rédaction suivante : « *On peut admettre la défense des intérêts de classes comme légitime.* »

M. Fuster propose au paragraphe de la grève, un amendement disant que le but de l'esprit chrétien social est de substituer à la grève le recours obligatoire à la conciliation et à l'arbitrage.

M. Gounelle demande qu'au lieu de grève on parle de conflit, la grève ne se rapportant qu'aux ouvriers.

Ces deux amendements sont votés à l'unanimité, mais sans le mot obligatoire.

M. Hoffet rappelle une parole que M. Kutter a dit ce matin dans son beau discours : « Dieu n'a pas été nommé dans notre discussion » (1). M. Kutter a raison, mais il sait que dans notre cœur à tous brûle le désir ardent de voir réaliser son Royaume.

Mettons en tête de nos thèses sociales que Dieu est notre seule grande réalité et que c'est dans le maintien de cette réalité que nous avons pris nos décisions; il faut que l'on sente en nous le *non possumus*, que nous sommes les esclaves de la justice et que « Dieu nous mène ». Il propose une résolution qui est adoptée et que la Commission doit rédiger définitivement afin de l'écrire en tête des vœux de la conférence.

.·.

Messages des délégués

Le *pasteur Morel*, au nom du groupe chrétien de Neuchatel, annonce que, selon le journal du jour, le Conseil national Suisse a adopté la loi prohibant la vente de l'absinthe et de toutes ses imitations. C'est la victoire après deux années de lutte.

Le *pasteur Ragaz*, de Zurich, salué d'applaudissements, monte à la tribune pour apporter les salutations du groupe social-religieux de la Suisse allemande. Son discours est donné plus loin *in-extenso*.

M. de Morsier annonce qu'à 6 heures il y aura trois réunions séparées, celles des chrétiens-sociaux français et suisses, et celle de la commission des vœux.

Après une interruption pour le thé, la séance reprend à 4 h. 35; *M. William Ward*, président des *Fraternités anglaises*, apporte les salutations de leurs 2.000 groupements et de plus d'un demi-million de membres. Après l'intéressante allocution de M. Ward, traduite par *M. Platzhoff*, un ban est battu par toute l'assemblée en l'honneur des 500.000 ouvriers chrétiens-sociaux d'Angleterre.

______

(1) Il y a ici quelque exagération, car d'une part la prière de W. Monod, la déclaration religieuse et certaines paroles telles que celle d'H. Monnier sur la patrie « pensée de Dieu » attestent qu'en fait le Dieu vivant avait été fortement invoqué et affirmé; et d'autre part, c'était bien l'inspiration du Dieu vivant qui nous poussait à préciser notre orientation économique.

(Pour les détails sur les Fraternités, voir la *Revue du Christianisme social* de mars de cette année).

Le *pasteur Meille*, de Florence, délégué d'Italie, annonce que le journal l'*Avanguardia* tire à 2.000 exemplaires, chiffre considérable pour les 60.000 protestants d'Italie. Leur groupe veut surtout créer un mouvement de propagande et leur œuvre est absolument désintéressée, car l'avenir du Christianisme social en Italie est entre les mains des catholiques délivrés du joug de Rome. Le modernisme italien est, dans son courant le plus viable, surtout social; s'il reste caché, c'est à cause du pape, mais il agit. Un des buts du groupement de l'*Avanguardia* est d'encourager les gens à s'occuper de la politique, bourbier qu'il faut assainir comme ceux de l'alcoolisme et de la débauche. M. Meille se demande si notre point faible n'est pas justement dans ce fait que nous craignons le renoncement personnel comme le jeune homme riche de l'Evangile. (Grands applaudissements).

M. de Béthune apporte de bonnes nouvelles de Bruxelles; *M. Périllard*, de Fleurier (Val de Travers), vient comme ouvrier apporter son témoignage de reconnaissance aux chefs du mouvement chrétien-social, car c'est le christianisme social qui l'a converti au Christ. *M. Kopp*, donne le salut de l'Alsace et de l'Union des amis du journal « *die Christliche Welt* ». M. Gounelle dit quelques mots sur les deux groupes chrétiens sociaux allemands : *Kirchlich-sozial* (à tendances conservatrices et orthodoxes, celles de *Stöcker*, *Mumm*, *Seeberg*, etc.) et *Evangelisch-sozial* (à tendances libérales, celles de *Naumann*, *Harnack*, *Traub*, *Schneemelcher*, etc.) Il a invité les deux groupements à se faire représenter, mais les circonstances ont empêché que nos frères allemands soient parmi nous. Nous espérons bien qu'au Congrès de 1912, l'Allemagne, les Etats-Unis, la Hollande, la Suède, etc. seront représentées régulièrement.

Le *docteur Martin* parle de l'Office social qui vient de se fonder à Vevey sur le modèle de celui de Genève. *M. Sublet*, rédacteur de l'*Essor* de Vallorbe, met au courant du progrès de ce journal de propagande religieuse sociale qui pénètre jusque dans les cercles socialistes. *M. Pahud*, ouvrier, délégué du groupe de Lausanne, dit que l'on peut être très évangélique, même orthodoxe, et socialiste; *M. Huguenin* parle du groupe de Saint-Imier et Sonvillier et *M. Gounelle* termine par quelques mots sur la sympathie pour le mouvement social qui se manifeste au sein des

Unions chrétiennes de jeunes filles (cf. les conclusions remarquables votées au Congrès international de Berlin sur le *Mouvement social*).

La séance est terminée à 6 h. 10 par une prière du *pasteur Neel*.

.·.

SÉANCE DU SOIR

Prière de *M. Sablet*.

M. Fulliquet lit les thèses rédigées par la Commission de rédaction. Elles sont longuement applaudies et adoptées dans leur ensemble.

M. de Morsier et *Gounelle* annoncent : 1° *la fondation des groupements nationaux des chrétiens sociaux suisses et français* et 2° *la Fédération internationale des chrétiens sociaux*.

M. de Morsier demande si les socialistes chrétiens se mettent avec les chrétiens-sociaux dans ce nouveau mouvement. *M. Passy* répond que oui.

Mme Pieczynska parle, avec une conviction entraînante, de la *Ligue sociale d'acheteurs* qui est une école d'apprentissage pour former des chrétiens-sociaux, pour diriger la jeunesse et l'initier aux grandes questions ouvrières. Les Ligues d'acheteurs ont déjà fait beaucoup de bien ; elles en feront d'autant plus qu'elles s'étendront davantage.

M. de Meuron dit tous les services rendus par l'*Office social* de Genève ; à Vevey, il vient de s'en créer un et on prépare à Berne et à Lausanne la réalisation d'institutions semblables.

M. Hoffet rappelle le sort misérable de la femme esclave et la nécessité de travailler à sa délivrance avec la *Fédération abolitionniste* de la réglementation de la prostitution.

M. Pourésy parle de l'exploitation de la femme dans les grands magasins : rien n'apprend à connaître la misère comme les enquêtes sur le travail féminin et l'on n'a pas idée de tout ce qui peut se faire, même au détriment d'enfants, de petites filles de huit à dix ans. Il faut savoir les faits et les signaler courageusement à l'opinion publique. La question de moralité est étroitement liée à toute la question sociale : occupez-vous aussi de la *Ligue de la moralité publique* et de l'*Etoile blanche* qui met en garde la jeunesse contre l'impureté.

Citons aussi le rapport de *M. Henri Huchet*, du Hâvre, contre l'alcool, la guerre et la prostitution, qui fut distribué à tous les membres du Congrès.

M. Gounelle rappelle le devoir de créer, comme chrétiens, des œuvres de coopération; il parle des ruraux dont on n'a encore rien dit aujourd'hui mais que le mouvement chrétien social ne veut ni ne peut laisser de côté; il cite les efforts de certains pasteurs, ce qu'ils ont appelé d'un nom un peu étrange « les coopératives de religion », fondées dans les Charentes, et qui synthétisent toutes les œuvres rurales, car il ne faut pas émietter, sous peine de l'égarer, la pensée des paysans. M. Durand, de Mérignac, et quelques amis se sont consacrés à l'éducation rurale et ils en rappellent la nécessité avec une poignante insis tance. Le Congrès constituant devra étudier la question rurale.

Parmi les moyens pratiques de travailler à l'avancement du Christianisme social, il ne faut pas non plus oublier l'*Art social*, tel que M. de Morsier et son comité l'ont compris à Genève et surtout les *Fraternités* dans le genre de celles d'Angleterre qui aident à créer ces types d'hommes nouveaux dont notre société a besoin.

Il est dix heures du soir passées; avec une certaine émotion, nous entendons *M. Gide* clôturer la séance en disant que « la grande journée » est finie. Elle a été longue en tous cas et bien remplie! L'avenir dira si cette journée a été vraiment grande; pour le moment, elle semble peut-être un peu brumeuse, car on ne sait jamais, au moment, le résultat des actes que l'on fait, mais il en sortira en tous cas beaucoup de bonnes volontés et il est impossible que des bonnes volontés qui se cherchent et qui cherchent autour d'elles à se réaliser, n'aboutissent pas. Du reste, même à s'en tenir aux œuvres pratiques d'une utilité et d'une urgence indiscutables, on vient d'en énumérer assez pour nous occuper tous jusqu'au prochain Congrès.

Le *pasteur Gambert* termine par la prière.

.\.

Le temple se vide lentement; on se sépare comme à regret, et les mots de « au revoir » prononcés joyeusement sous le porche, avec un cordial serrement de mains, par les fidèles du dernier moment, entourent d'espérance la haute gravité du geste accompli aujourd'hui par les chrétiens sociaux.

Nos âmes sont joyeuses, de la joie sérieuse de ceux qui voient se réaliser ce qu'ils ont longtemps, ardemment désiré, prié et qui savent que cette victoire les engage à se donner encore plus. Nos consciences se sentent allégées du douloureux malaise qui les étreignait si souvent; maintenant l'horizon s'éclaircit et nous pouvons avancer.

Nous sommes joyeux aussi, et reconnaissants de voir que nous ne sommes pas seuls, isolés, comme nous le pensions, que d'autres sont avec nous, venus de France, de Suisse et d'ailleurs, animés du même esprit, convaincus des mêmes responsabilités, entraînés vers le même idéal, parce que comme nous, avec nous, ils se savent frères en Christ et enfants du Père. Aujourd'hui la droite et la gauche des chrétiens sociaux marchent ensemble. Les heures que nous venons de passer comptent dans nos vies; l'avenir dira si elles comptent dans l'histoire.

Nous ne sommes pas nombreux au total, il est vrai — cela vaut mieux pour commencer — mais bien décidés à suivre le chemin tracé. Nous sommes encore dans la nuit, la place devant l'église est sombre et déserte, le ciel est couvert de nuages qui cachent les étoiles; mais nous savons que les nuages ne sont que des incidents qui passent, que le matin va venir et le matin précède le jour.

Peu d'ouvriers étaient parmi nous (1); deux seulement nous ont parlé, exprimant en leur nom et celui des groupes qu'ils représentaient, leur sympathie, leur joie et leur espérance chrétienne. Ils étaient peu... mais nos cœurs brûlaient au dedans de nous en les écoutant, car ils sont la prophétie du jour où dans nos congrès viendront se réunir, en se tendant la main, directeurs et ouvriers, intellectuels et manuels, non plus pour discuter, mais pour résoudre ensemble, sous l'inspiration du Christ, les questions qui les divisent aujourd'hui!

> « Frayez, frayez, préparez le chemin,
> Enlevez tout obstacle du chemin de mon peuple!
> Ainsi parle le Très-Haut. »
>
> (ESAIE LVII, 14).

La secrétaire des séances,

MIRIAM J. REINHARDT.

(1) Nos congrès se tiennent à des jours et à des heures peu accessibles soit aux travailleurs manuels, soit aux directeurs d'industrie, aux négociants, etc. La remarque en a été faite. Il faudra pratiquement organiser nos futurs congrès de façon à en rendre la fréquentation possible à tous.

DÉCLARATION DE PRINCIPES
votéc
à la Conférence internationale du Christianisme social tenue à Besançon (16 juin 1910)

Les Chrétiens sociaux, réunis à Besançon le 16 juin 1910 en Conférence internationale, se plaçant sous l'inspiration du Christ avec le désir de réaliser toutes les conséquences de son Evangile, d'accord avec les meilleures aspirations de la Société contemporaine, protestent contre une organisation sociale fondée sur l'esprit de concurrence et l'égoïsme, et affirment leur foi en un ordre nouveau et leur volonté de se mettre au service de leurs frères pour travailler à sa réalisation.

En conséquence, ils s'accordent à proclamer dès maintenant les principes suivants :

§ 1. — *Orientation démocratique.*

a/ Dans une démocratie, le citoyen chrétien ne saurait se désintéresser de la politique.

b/ Dans une démocratie chrétienne, la femme doit posséder les mêmes droits civils et politiques que l'homme.

c/ Il est conforme à la justice que les minorités soient représentées proportionnellement dans les conseils de la nation.

§ 2. — *Orientation morale : Morale sociale et morale internationale.*

a/ Il y a une seule morale pour les deux sexes. Aucune immoralité ne saurait être justifiée, ni par la raison d'Etat, ni par la lutte de classe.

b/ Toute mesure d'exception à l'égard de la femme sous prétexte de mœurs, doit être abolie.

c/ L'Etat a le devoir d'intervenir en faveur de la moralité publique et d'assurer l'application des lois protectrices des bonnes mœurs.

Il y a lieu de reconnaître aux citoyens organisés en vue de la lutte contre l'immoralité le droit de poursuite directe.

d/ Pour résoudre les conflits entre les nations, l'arbitrage est la seule méthode conforme à l'idéal chrétien.

Il faut donc préparer l'opinion aux ententes internationales et au désarmement progressif et simultané qui en serait la conséquence.

e/ Toute patrie est une personne morale qui doit représenter un aspect du génie humain, et par conséquent une volonté de Dieu. Toute patrie est donc sacrée et tout peuple a droit à l'autonomie.

Les nations civilisées n'ont pas le droit d'exploiter les races qu'elles qualifient d'inférieure; elles ont comme un devoir d'aînesse, la mission de les rendre dignes et capables de la liberté.

§ 3. — *Orientation économique.*

a/ L'intervention de la loi en matière sociale est une nécessité et un bienfait. En particulier, la protection légale du travailleur contre le surmenage et la mauvaise hygiène, est un moyen légitime de le défendre contre les effets de la concurrence et les abus de la puissance du capital.

b/ La coopération est dès maintenant une puissance capable de modifier les rapports du capital et du travail, et elle prépare efficacement la transformation de la propriété égoïste en propriété collective et du régime de la concurrence en régime solidariste.

c/ L'appropriation par la collectivité de certaines richesses naturelles et sociales peut être utile, mais toute forme d'exploitation industrielle par l'État ou la commune doit être soumise au contrôle et du personnel et des consommateurs.

d/ En l'état actuel des choses, une forte organisation syndicale paraît être la condition préalable sans laquelle aucune institution économique ne pourra porter de fruits. Il faudrait donc s'efforcer de réconcilier le patronat avec les syndicats, ce qui aurait pour effet de rendre ceux-ci moins agressifs et plus pratiquement réformistes.

e/ On peut considérer comme légitime la défense des intérêts de classe; mais, d'une part, tout conflit doit donner lieu à des tentatives loyales de conciliation ou d'arbitrage et, d'autre part, on ne saurait envisager, comme définitif, un ordre économique et social fondé sur la guerre perpétuelle. Il faut vouloir la paix dans la justice et y tendre constamment.

f| Le chrétien doit énergiquement réprouver l'action directe par les coups de force, le sabotage, l'excitation à la haine ou à l'émeute, que ces excès proviennent du capital ou du travail.

Les chrétiens sociaux ne prétendent pas épuiser leur idéal dans ces affirmations.

La volonté du Père les oblige à préparer, dans un effort constant de rénovation individuelle et sociale, la Cité libre et fraternelle qu'ils appellent le Royaume de Dieu.

LISTE DES CONGRESSISTES

I

Délégués Etrangers (sauf Suisses)

Pasteur Kopp (Alsace), Union des Amis de la Christliche Welt.
Pasteur Lienhard, Wickersheim (Alsace), Kirchlich-soziale Konferenz.
M. William Ward, Londres, Président ⎫ de la Fédération
M. Clayton Ridge, » Secrétaire général ⎬ des
M. J. Harry, » Trésorier ⎭ Brotherhoods.
Pasteur Dégremont, » Eglise Française.
Capitaine Pétavel, Stanford près Londres, Union chrétienne internationale pour la vérité et les œuvres sociales.
M. de Bethune, Bruxelles, Groupe d'études et d'action sociales.
Pasteur Meille, Florence, Groupe chrétien social de l'Avanguardia.

Délégués Suisses

Pasteur Béguin ⎫ La Chaux de Fonds, Groupe chrétien social de La
Pasteur P. Pettavel ⎭ Chaux-de-Fonds.
M. et Mme Bergner ⎫ Lausanne, Groupe chrétien social de Lausanne.
M. Pahud ⎭
Pasteur Fulliquet, professeur, Genève, Cie des Pasteurs.
Pasteur Gampert, Genève, Association chrétienne évangélique.
M. Geisendorf, Genève, Union chrétienne de jeunes gens.
Pasteur Huguenin, Saint-Imier, Sonvillier, Groupe chrétien de cette région.
Pasteur Hollard ⎫ Vevey, Société d'étude et d'action sociale.
Docteur Martin ⎭
M. Lauterburg, Berne ⎫ Verband Evangelisch-sozial Arbeiterverein de
M. Maag, Bâle ⎭ Suisse.
M. de Meuron, Genève, Société chrétienne Suisse d'économie sociale.
Pasteur Maystre ⎫ Union Suisse du christianisme libéral, section genevoise.
Pasteur Vincent ⎭
Pasteur Morel, Neuchâtel, Groupe chrétien social de Neuchâtel.

M. Périllard, Fleurier, Groupe chrétien social de Fleurier.

Mme Pieczynska
Mlle Schmidt } Berne, Ligue sociale d'acheteurs.

Pasteur Preiswerk, Bâle
Pasteur Tischhauser, Pratteln (Bâle)
Pasteur Ragaz, Zurich
Pasteur Kutter, » } Religiös-soziale Konferenz.

Pasteur Roussel, Genève, Office social.

Pasteur Rœhrich, Genève, Association chrétienne de réforme sociale.

Pasteur Sublet, Vallorbe, Journal l'*Essor*.

M. de Vargas, Lausanne, Association chrétienne Suisse d'étudiants.

M. W. Viollier, Genève, Art social.

Délégués Français

M. de Boyve, Nimes (Gard)
M. L. Gouth, Mazamet (Tarn) } Association protestante pour l'étude pratique des questions sociales.

M. Canon, Lezay (Deux-Sèvres), Imp.-gérant
Pasteur G. Cadier, Pamproux, Réd. en chef } du journal la *Fraternité poitevine*.

Pasteur Durand Gasselin, Saintes (Charente-Inférieure), Groupe chrétien social des Charentes.

M. Freundler, Genève, Groupe d'étude des questions sociales, philosophiques et religieuses de Neuilly-sur-Seine.

Elie Gounelle, Paris, *Revue du Christianisme social* et Etoile blanche.

Pasteur Hoffet, Leysin, Ligue abolitionniste.

Professeur L. Maury, Montauban (Tarn-et-Garonne), Commission d'action.

Pasteur André Monod, Argenteuil près Paris, Croix Bleue.

Pasteur Neel, Alais, Solidarité Alaisienne.

M. Paul Passy, Bourg-la-Reine, près Paris, Union des Socialistes chrétiens.

M. Pourésy, Bordeaux (Gironde), Ligue de la Moralité publique.

Pasteur Talant, Douéra (Algérie), Consistoire luthérien d'Algérie.

Mlle Rappart, Valentigney (Doubs)
Mlle Wullschleger, Lyon (Rhône) } Unions chrétiennes de jeunes Filles.

II

Membres individuels

Etrangers

Pasteur Jeanneret, Liège.
M. Petit, Courcelles (Hainaut).
Mme William Ward, Londres.
Mme Clayton Ridge, Londres.
Mme J. Harry, Londres.
Mme Adolphe Haffner, Sainte-Marie-aux-Mines.
Mme André Hoff, »

Suisses

Mlle G. de Beaumont, Genève.
Mlle B. de Beaumont, Genève.
Mlle Breting, Genève.
M. Berthollet, Lausanne.
M. le pasteur Bogner, Annemasse (Savoie).
Mme Bogner, Annemasse.
Mme Boissonnas, Genève.
M. Breguet, Genève.
M. A. Claparède, Genève.
M. R. Claparède, Genève.

Pasteur Amorel, Lausanne.
M. Dupperrut, Genève.
M. Elskes, St-Sulpice (canton de Neuchâtel).
M. Evard, Chaux-de-Fonds.
Pasteur Ferrière, Genève.
Mlle Grandpierre, Genève.
M. Greyerz, Berne.
M. Juillard, Lausanne.
Mlle Keyserling, Genève.
M. Kutter, Zurich.
Mme Masing, Genève.
M. de Morsier, Genève.
Mme de Morsier, Genève.
M. Platzhoff, Lausanne.
M. Perrier, Annemasse (Savoie).
M. Ragaz, Zurich.
Mme Ragaz, Zurich.
M. de Riaz, Nyon (Vaud).
Mme de Riaz, » »
Mlle Schieg, Genève.
Mlle Serment, Lausanne.
Pasteur Tripet, Locle.
Mlle Vernet, Genève.

Mlle Vidart, Genève.
Pasteur Vivien, Moutiers (Val de Travers).

Français

Professeur Raoul Allier, Paris.
Docteur Arnal, Dieulefit (Drôme).
Pasteur Arnal, Le Creusot (Saône-et-Loire).
Pasteur Ch. Babut, Nimes (Gard).
Pasteur Bas, Besançon (Doubs).
Pasteur Benoit, Montauban (Tarn-et-Garonne).
Pasteur Eug. Bernard, Vesoul (Haute-Saône).
Pasteur Marc Bœgner, Aouste (Drôme).
Mlle Bourgoise, Chaumont (Haute-Marne).
M. Ch. Briand, Paris.
M. Henri Cadier, avocat, Oloron.
Pasteur E. Caldesaigues, Mont-meyran (Drôme).
M. F. Coulon, Paris.
Pasteur Bach, Lyon.
Mlle Dormoy, Paris.
Pasteur Draussin, Valence (Drôme).
Pasteur Hippolyte Draussin, Abbe-villers (Doubs).
Pasteur Ebersolt, Belfort.
Pasteur Faivre, Charmes (Ardèche).
Pasteur Foltz, Saint-Dié (Vosges).
Commandant Geney, Besançon (Doubs).
Professeur Ch. Gide, Paris.
Pasteur Ed. Gounelle, Codognan (Gard).
Pasteur Th. Gounelle, Vézenobres (Gard).
Pasteur Guex, Arcachon (Gironde).
Pasteur Guilliny, Le Fleix (Dordogne).
Pasteur Jézéquel, Paris.
Pasteur L. Kreyts, Paris.

M. Pierre Kennel, Grand Char-mont (Doubs).
Pasteur Lacheret, Paris.
M. A. Lagravère, Cap de la Coste (Gers).
M. Latune, Blacons par Aouste (Drôme).
Mme Latune, Blacons par Aouste (Drôme)
Mlle E. Lefebvre, Paris.
M. Le Gouis, Saumur (Maine-et-Loire).
Pasteur Ch. Mathiot, St-Julien (Doubs).
Pasteur Mezger, Besançon (Doubs).
Professeur Henri Monnier, Paris.
Pasteur Léopold Monod, Lyon.
Pasteur Paul Monod, Lille.
Pasteur Victor Monod, Pontarlier (Doubs).
Pasteur Wilfred Monod, Paris.
M. Ed. Morin, Dieulefit.
Mme Paul Passy, Bourg-la-Reine près Paris.
Pasteur Perlet, Pierre-Fontaine-lès-Blamont (Doubs).
Pasteur Petrequin, Beutal (Doubs).
Mme Petrequin, »
Pasteur Quiévreux, Rouen (Seine-Inférieure).
Pasteur G. Ramette, Londres (Eglise française).
M. Raous, Nimes (Gard).
Mme Raous, » »
Mlle Miriam Reinhardt, Paris.
Mme Robequain, Besançon (Doubs).
Pasteur Roy, Montcheroux »
M. Schlumberger, Besançon »
Pasteur Sibleyras, Aix-en-Provence (Bouches-du-Rhône).
Pasteur Teissonnière, Nimes (Gard).
Mme Teissonnière »
Pasteur Valez, Paris.
Professeur John Viénot, Paris.

AVIS IMPORTANT

On est prié d'adresser les adhésions à « l'Union française des chrétiens sociaux » soit à Mlle Miriam Reinhardt, 5, rue de Tracy, soit à M. E. Gounelle (1 fr. de droit d'inscription) — et celles à « l'Union suisse des chrétiens sociaux » à M. Aug. de Morsier, Varembé, Genève.

APPENDICES

Allocution de M. Kutter [1]

♠ ♠ ♠

Les difficultés de la question sociale, telles quelles se présentent aujourd'hui à notre esprit, ne nous permettent pas encore d'entrer dans des détails techniques. Tout est flottant et incertain pour le moment dans ce domaine. Mais nous n'avons pas à nous en inquiéter. Notre tâche est grande et très importante. Nous avons un point de départ qui nous permet, sans nous perdre dans les déserts d'une généralisation sans limite ou dans des orientations toutes matérielles, de nous approprier toute la force de la Sociale-démocratie, et même de la devancer.

Ce point de départ est Dieu. Non pas le Dieu des églises et de la simple piété, mais le Dieu créateur et vivant. Nous devons nous remplir de sa vie, vivre en sa présence, nous unir en Lui, et regarder les mouvements de notre temps dans sa lumière. De cette manière, il nous sera de nouveau possible de comprendre tous les problèmes complexes de notre temps, les questions religieuses sociales, de régler les questions de la vie extérieure dans le sens de la justice, sous un même aspect, et de les ramener toutes à l'unité, à un seul même point.

Il n'y a pas une question religieuse ou sociale à côté d'autres questions. Dieu même est derrière le mouvement social. Il ne s'agit pas, avant tout, de questions de détail, mais de rien moins que de l'avènement du royaume de Dieu; dans les tourbillons de notre temps ce royaume prépare sa nouvelle et

---

(1) Résumé par M. Kutter lui-même.

glorieuse apparition. Il va sans dire que tout ce qui est bon et utile, tous les commandements de la morale et de la conscience sociale, tout ce qui est vrai dans les divers programmes de nos partis sociaux et chrétiens sociaux, va reprendre une nouvelle force et trouver son accomplissement, car en Dieu se réunissent les différentes voies du bien.

C'est parce qu'elle a oublié cela, que la chrétienté de nos jours est devenue si faible et si divisée, se perdant en toutes sortes de questions sociales et religieuses, qui, en elles-mêmes, n'ont pas grande importance. Par contre, la Sociale-démocratie est une force puissante de premier ordre, parce qu'elle possède une grande pensée qui domine tout le détail, une fervente espérance planant au-dessus de toutes les questions ardues du moment. Ce ne sont pas les raisonnements justes, ce n'est pas la logique qui réussissent, mais simplement la foi, lorsqu'elle est pénétrée de son objet. Si nous voulons avoir de la force et du succès, il est nécessaire que nous perçions jusqu'au fond des choses, que nous remplissions nos cœurs de nouveau de Dieu et de son Évangile pour tout le monde, que nous soyons de nouveau les témoins de Dieu au milieu de sa création. Alors, nous verrons ce que nous aurons à faire, sans recherches pénibles. Alors tout deviendra action. « L'action bonne » jaillit de la foi en Dieu, car il est impossible que celui qui s'est pénétré de l'Esprit du Dieu vivant n'agisse pas incessamment dans toutes les directions du bien. Peut-être n'y aura-t-il pas de programme définitif, mais il y aura plus : l'énergie pour le bien, même dans la multiplicité des questions.

Nous manquons d'enthousiasme. Nous n'osons pas encore parler de Dieu d'une façon efficace, de manière à ce que tout le monde s'aperçoive qu'il ne s'agit plus du Dieu des églises seulement, mais du Dieu créateur, qui a aimé sa créature avant de lui donner ses commandements et ses lois. *C'est Dieu qui manque à notre société.*

Toute la question sociale est dans cette idée : *La réalité de Dieu doit être manifestée par nous.* Ne parlons plus d'un protestantisme quelconque, mais de Dieu ! en tant que chrétiens sociaux, nous devons compléter dans ce sens le socialisme officiel. Nous n'avons pas de point de vue social arrêté, mais c'est en rendant Dieu important et puissant dans notre vie, que nous suggèrerons à ceux qui nous écoutent les solutions techniques.

N'oublions pas que Mammon, le grand, l'unique ennemi de Dieu, s'est soumis toute la société. Les hommes ne peuvent faire autrement : ils sont les esclaves de Mammon. Les riches sont aussi misérables que les pauvres. Tout le monde souffre. Avant de donner aux hommes des solutions de détail, ils doivent être délivrés eux-mêmes des chaînes qui les lient. Il n'y a rien de plus important pour notre temps que la prédication du Dieu vivant, conçue comme puissance à opposer à l'esprit qui domine aujourd'hui notre société, l'esprit de l'argent. Des vœux isolés n'y font rien. Aidons les hommes à sortir de l'engrenage fatal dont ils souffrent tous. Ayons la passion de Dieu qui doit être à la base même de notre activité.

H. KUTTER.

Allocution de M. le Professeur Ragaz

♠ ♠ ♠

Les représentants, ici présents, des différents groupes nationaux du mouvement qui nous occupe, ayant été priés de faire connaître par un rapport leurs idées, leurs travaux et leurs expériences, je voudrais mettre à profit l'occasion qui m'est ainsi donnée de vous apporter les salutations et les remerciements des « religieux-sociaux » de la Suisse allemande.

En effet, nous vous sommes reconnaissants de l'impulsion donnée par vous et de l'invitation à ce colloque fraternel réuni en vue de notre affermissement mutuel dans une même communion d'esprit. Nous ressentons une joie toute particulière de ce que cette invitation nous est venue des cercles du protestantisme français. La pensée-mère de ce congrès répond au meilleur esprit de l'Eglise réformée. Car si Luther a peut-être pénétré plus profondément le secret de la liberté du chrétien, Calvin a mieux inspiré à ses disciples la ferme volonté de faire prévaloir les ordres de Dieu dans un monde gouverné et purifié par son Esprit. C'est pourquoi nous, les autres enfants de l'Eglise réformée, nous vous saluons avec joie! Notre Zwingli, lui aussi, fut animé d'un esprit semblable. Nous croyons que notre œuvre et en particulier la journée d'aujourd'hui s'inspirent des plus grandes choses de notre passé et en reçoivent une bénédiction.

Si je vous dis ici ce que nous cherchons à accomplir, je tiens à le faire de la façon la plus modeste. Ce ne doit donc point du tout être une critique des autres méthodes, nous ne nous imaginons aucunement que notre manière d'agir soit un modèle à suivre de tous points et je ne songe ni à louer ni à blâmer, je veux simplement expliquer ou décrire.

Notre mouvement est comme le vôtre un mouvement religieux. Il est religieux tout en étant social, et social tout en étant religieux. Le but suprême que nous plaçons devant nos yeux c'est un renouvellement à fond du christianisme. Ce dont nous avons besoin c'est d'une compréhension nouvelle de Dieu, de l'homme, de Jésus-Christ, du royaume de Dieu ; il nous faut une orientation toute nouvelle de notre pensée et action chrétiennes. Il faut que de ce renouvellement du christianisme résulte un renouvellement du monde. Dans ce christianisme bien compris, le socialisme est compris aussi. Nous croyons que Dieu lui-même est à l'œuvre pour produire ce renouvellement, nous croyons que nous vivons dans une période de création spirituelle qui porte dans son sein de grandes possibilités, des possibilités telles que nos cœurs en tressaillent d'espérance.

Dieu est à l'œuvre, c'est là notre point de départ. Cette grande orientation religieuse nous conduit et nous domine. Dieu cherche des collaborateurs et c'est ainsi que nous en arrivons à l'action. Ici permettez-moi de m'élever un peu et en toute bonne amitié contre une partie des idées exprimées par Kutter. Ce que je vais dire est, d'ailleurs, plus pour les compléter que pour les corriger. Je crois que nous devons arriver à l'action, que nous devons, dès à présent, travailler pratiquement et cela pour bien des raisons. Lorsqu'un homme fait connaître ses belles et nobles pensées, d'autres hommes viennent et lui demandent : que faites-vous? où sont vos actions? Et si ces actions font défaut, quelle valeur reste-t-il aux pensées? N'oublions pas la situation dans laquelle nous sommes. On a plus que suffisamment parlé chez les chrétiens, de Dieu, de Jésus-Christ, du royaume de Dieu, mais où sont les actions attestant les fruits de ces discours? Elles manquent et c'est pourquoi les paroles n'atteignent pas leur but; donc, il faut dorénavant prêcher par les actes, de telle sorte que les hommes puissent de nouveau croire en Dieu et en son Royaume. En général, toute parole, quelle qu'elle soit, ne prend valeur et force qu'en devenant le commentaire de l'action. C'est là, d'ailleurs, l'enseignement même de notre Maître lorsqu'il dit à ses disciples : « Faites luire votre lumière devant les hommes afin qu'ils voient vos bonnes œuvres et qu'ils glorifient votre Père dans les cieux. » C'est là aussi l'exigence de toute notre situation actuelle : il faut que les hommes en viennent à croire au Père par la contemplation d'un monde de justice et de bonté.

Au reste, lorsque Kutter dit que la solution des problèmes sociaux ne peut uniquement résulter que de la position vraie et juste de l'homme vis-à-vis de Dieu, je lui donne, en principe, complètement raison, cela va de soi. Seulement, j'ajoute que nous ne parvenons à cette vraie et juste position vis-à-vis de Dieu qu'en travaillant nous aussi. Comprendre Dieu, c'est moins un fruit de la méditation que de la lutte au milieu de grandes détresses et d'une entière fidélité; donc un fruit de la lutte avec Dieu et pour Dieu qui, dans toutes les difficultés des tâches qu'Il nous impose, se révèle à nous et nous fait passer de l'obscurité à la lumière. Mais si nous nous écartons de l'action pratique, si nous nous bornons à l'attente et à la méditation, fut-ce même de toute la force de notre âme, nous courons le risque de nous perdre en nous-mêmes au lieu de venir jusqu'à Dieu. Il nous faut demeurer dans les réalités pour servir le Dieu réel.

Kutter nous dit aussi que le temps pour l'action n'est pas encore venu. Je demande : Quand donc ce temps sera-t-il venu? Qui nous l'annoncera? Qui possède la pierre de touche infaillible? Je crois qu'en cette matière nous n'avons point à prendre garde aux opinions des hommes mais bien à obéir à l'ordre divin qui nous vient des réalités ambiantes en même temps que des mouvements de notre cœur et de notre conscience. Si nous avons le sentiment que nous devons agir, c'est que le temps d'agir est venu. Et il est évident que ce sentiment vit aujourd'hui puissamment dans tous les cœurs. Le mouvement religieux social dans toute la chrétienté en est une preuve nouvelle. Si l'on hésitait maintenant, on courrait le risque de laisser échapper l'heure de Dieu. Ne nous laissons pas troubler ici par la difficulté de problèmes qui ne peuvent se résoudre en un clin d'œil, les grandes choses ne se sont jamais faites ni très aisément ni très vite. Il faut travailler, lutter, patauger, parfois même tomber dans l'erreur, cela a toujours été le chemin de la victoire et de la lumière.

Il est certain que Dieu nous donne ses dons les plus précieux par sa grâce, mais jamais Il ne nous les donne sans effort de notre part et il y a beaucoup de choses dont nous devons tout simplement arriver à nous rendre maîtres par notre propre travail. Les erreurs, les déceptions, les défaites nous sont souvent bien plus profitables que les succès. Si nous voulons vraiment travailler avec Dieu, laissons toute inquiétude ; commençons avec les dons que nous possédons déjà et croyons que Dieu nous en donnera de plus grands lorsque nous aurons été fidèles. S'il nous arrive même de tomber dans l'erreur, la victoire de la grande cause n'en est pas moins assurée, nous croîtrons avec elle et par elle. Aussi notre devise d'aujourd'hui devrait être : Avec Dieu, en avant, à l'action !

Si, sur ce point, je diffère de Kutter, je me rapproche fortement de lui, dès que se pose la question : *Comment devons-nous agir?* Ici, revenons à nos grands points de vue religieux. Dieu est à l'œuvre, nous devons être ses collaborateurs. L'important donc pour nous est de bien comprendre le labeur de Dieu au temps actuel. Il ne s'agit pas de *faire* des choses mais d'être prêts à obéir. Les tâches que Dieu impose à certaines époques sont généralement simples. C'est, d'ordinaire, une tâche unique à laquelle toutes les autres se rattachent. Cette tâche a toujours trait d'une façon ou d'une autre au mouvement le plus important du moment qui, lui-même, procède généralement de sa plus grande misère. Ce mouvement paraîtra souvent être purement matériel, politique, économique, mais c'est le plus matériel qui peut être le symbole du plus spirituel. Voilà la vérité que contient le soi-disant matérialisme historique.

Or, quel est le plus grand mouvement de notre temps? Avons-nous besoin de nommer le socialisme dont le plus puissant ressort et la force motrice est le mouvement ouvrier? Voilà où Dieu nous montre et nous impose la tâche du moment présent; c'est de là qu'Il prononce la parole dont nous avons besoin, c'est là qu'Il se tient et de là qu'Il appelle. Mais qui appelle-t-il? Nous, les chrétiens. C'est là notre foi. Il veut que la chrétienté se réveille, qu'elle se rappelle son but original, qu'elle recherche la grande chose qui reste à l'écart, oubliée, et qui, sans doute, renferme le socialisme, mais s'élève infiniment plus haut que lui.

Et voici pour nous et pour le temps présent la volonté de Dieu : c'est la synthèse du christianisme et du socialisme produite par le renouvellement du christianisme. C'est cette cause de Dieu que nous voudrions servir. C'est cette façon de comprendre les choses qui nous dirige et règle notre conduite. Nous ne voulons pas nous perdre dans les détails. Nous ne voulons pas opposer un mouvement particulier au socialisme, ni former un parti chrétien-social à part. Nous prenons en gros le programme du socialisme et nous l'associons à notre foi religieuse. Nous ne voulons pas qu'on s'imagine que nous avons à créer un programme social et un mouvement social. Ils existent depuis longtemps, comme aussi une foule d'idées réformatrices et d'essais moralisateurs.

Nous ne nous proposons aucunement de donner à ces idées un « pendant chrétien »; mais nous disons aux hommes que ce qu'ils veulent *est* chrétien et qu'il faut seulement le comprendre dans ce sens. En ce qui nous concerne, nous voulons les aider à concevoir leur travail au plus haut point de vue possible, à lui donner les plus profondes racines; nous voulons leur donner du courage, et parfois les avertir ou les exhorter tout en nous disant que nous n'avons peut-être pas encore le droit de leur prêcher la pénitence.

Surtout, nous voulons travailler en collaborateurs de Dieu et nous vouer à son service; c'est là le vrai travail de la tête et du cœur, le travail de tout notre être; personne ne doit le regarder comme chose négligeable car c'est le travail le plus difficile de tous et, du reste, il implique une grande part d'activité pratique. Ici, notons une différence essentielle entre les groupes et les individus. Des individus nous attendons qu'ils aident avec une grande énergie et dans tous les domaines au travail social, chacun à sa façon et selon sa vocation particulière et ses dons; tandis que, comme groupes, nous devons plutôt tenir nos yeux fixés sur le but et sur les problèmes de notre œuvre, nous devons nous fortifier intérieurement et nous développer. Ce sera notre tâche spéciale de viser à la conversion de l'Eglise et de l'amener à un christianisme social.

∴

Vous me demanderez, peut-être, de vous dire, enfin, quelles expériences nous avons faites et de quels succès nous pouvons nous réjouir? Un mot rapide à ce sujet. — Nous nous sommes tout d'abord heurtés à des montagnes de malentendus et à beaucoup de méfiance du côté du parti ouvrier social-démocrate, et à la colère violente et même à la haine des cercles bourgeois. Il a fallu patienter et supporter beaucoup. Maintenant ces montagnes ont déjà un peu reculé, le parti social-démocrate des ouvriers nous témoigne en général beaucoup de confiance, quoique la méfiance n'ait pas encore entièrement disparu. Beaucoup de chefs socialistes accueillent joyeusement notre collaboration. A nos Congrès, ils font des conférences et discutent avec nous. Nous voyons aussi dans le parti ouvrier des signes croissants de besoin religieux. A Zurich nous avons deux cercles socialistes composés de membres de l'église. Les « socialistes » prennent toujours plus fréquemment, et avec zèle, part aux élections pastorales, parfois avec succès. Il devient évident que l'idée socialiste pénètre les églises. Nos jeunes théologiens sont ou bien socialistes ou bien en train de le devenir. On peut en dire autant de beaucoup de nos laïques; nous avons donc là des sujets de courage et d'espoir.

Cependant nous n'ignorons nullement que nous sommes seulement au commencement du chemin, mais nous nous disons que tous les chemins qui mènent à des buts élevés sont toujours longs et nous trouvons une grande consolation dans notre ferme volonté de travailler avec Dieu et pour Dieu. C'est difficile : il faut pour cela veiller avec ses yeux et son cœur, renoncer à soi-même, changer parfois ses idées; mais, d'autre part, travailler avec Dieu veut dire aussi se sentir certain, en dépit de toutes les incertitudes apparentes, de marcher sur la bonne route, et d'aller à la victoire, avec la seule arme qui soit toujours victorieuse, c'est-à-dire avec la capacité de souffrir pour la cause de la justice! Si nous sommes appelés à cette souffrance, réjouissons-nous, soyons-en heureux.

On a appelé l'Eglise réformée « l'Eglise des héros et des martyrs du protestantisme. » Eh bien, si Dieu devait réclamer de nouveau de l'héroïsme et du martyre, ne serait-ce pas le signe qu'Il veut faire de grandes choses?

Puisse son Esprit nous rendre vraiment dignes de *travailler* avec *Lui!*

L. RAGAZ.

professeur à Zurich.

Table des Matières

♠ ♠ ♠

IMPRIMERIE P. ABERLEN ET C⁰. — VALS-LES-BAINS